主编：刘解军

吴燕 / 著

基于多元智能开发的 小学英语 教学研究

A Study on Multi-intelligence-based English Teaching in Primary School

团结出版社

图书在版编目(CIP)数据

基于多元智能开发的小学英语教学研究 / 吴燕著
. -- 北京 : 团结出版社,2020.11
(阳光教育 / 刘解军主编)
ISBN 978-7-5126-8322-8

Ⅰ. ①基… Ⅱ. ①吴… Ⅲ. ①英语课-教学研究-小学 Ⅳ.①G623.312

中国版本图书馆CIP数据核字(2020)第198654号

出　版: 团结出版社
(北京市东城区东皇城根南街84号　邮编:100006)
电　话: (010)65228880　65244790
网　址: http://www.tjppress.com
E-mail: 65244790@163.com
经　销: 全国新华书店
印　装: 杭州万星印务有限公司

开　本: 170mm×240mm　1/16
印　张: 10
字　数: 135千字
版　次: 2020年11月　第1版
印　次: 2020年11月　第1次印刷

书　号: ISBN 978-7-5126-8322-8
定　价: 38.00元

前　言

知识经济的到来和信息时代的发展大大地促进了全球经济一体化过程，地球村不再是梦想，尤其在贸易、人员交流和思想、知识的传播等方面已经是一个现实。这一梦想的实现离不开外语，特别是英语这一媒介的作用。因此，外语教学的目的就是“为了使今后的公民能在多元文化的地球村中生存和发展做准备，为了使他们更好地利用信息技术进行知识创新做准备。”[①]学习和掌握一门外语成了21世纪公民的一个基本要求。正是在这种大背景下，20世纪90年代以来，我国小学英语课的开设进入了蓬勃发展时期，开设的地区和学校越来越多，年级越来越低龄化，规模越来越大。

但是，“我国小学英语教学目前还处于一种自发状态，急需一定的理论与政策的指导，小学英语教师也急需培训和提高。”[②]最近几年，随着小学英语课程开设规模的扩大，小学英语教师的缺口比例在逐年增加；全国经审查通过的小学英语教材已经多达三十几套，[③]增加了选用教材的难度；同时，还常常缺乏科学有效的课堂教学。比如：对听、说、读、写四个方面能力的训练不够，忽视基本语言知识点的落实；对具有不同性格、不同能力、不同爱好的学生应采取的不同教学方法探讨不够。这些情况造成学生刚开始学习英语的时候都有极大的兴趣，可是随着学习内容深度和难度的增

① 英语课程标准研制组编写《英语课程标准解读》(实验稿) [S]. 北京：北京师范大学出版社，2002:3.

② 吕良环主编. 外语课程与教学论[C]. 杭州：浙江教育出版社，2003:41.

③ 教育部基础教育课程教材发展中心. 小学英语课程发展报告(2006)(下)[J]. 中小学英语教学与研究，2007(7):4.

大，学生之间的英语水平产生了比较大的差距，以至于部分学生的学习兴趣逐渐丧失。

在这种背景下，小学英语教学改革的浪潮一浪高过一浪。2001年6月《基础教育课程改革纲要》确定了教育改革的目标，研制了各门课程的课程标准。在新的《英语课程标准》中，英语课程改革的重点就是要改变英语课程过分重视语法和词汇知识的讲解与传授、忽视对学生实际语言运用能力的培养的倾向，强调课程从学生的学习兴趣、生活经验和认知水平出发，倡导体验、实践、参与、合作与交流的学习方式和任务型的教学途径，发展学生的综合语言运用能力，提高智能水平。使语言学习的过程成为学生形成积极的情感态度、主动思维和大胆实践、提高跨文化意识和形成自主学习能力的过程。从中我们可以看出，新课程标准突出体现了围绕人的发展目标来设计和确定，对学生学习英语所要求达到的目标是多方面的，绝对不仅仅是针对语言智能的，而是囊括了综合语言智能以及多项智能的各个方面。

将多元智能理论应用于小学英语教学具有独特的意义。在理论上，这是一次跨学科的尝试。英语课程在目标设定、教学过程、课程评价和教学资源的开发等方面都突出了以学生为主体的思想，把学生的发展作为英语课程的出发点和归宿。多元智能开发就成为小学英语教学达成目标的一个很好的途径，它的目的在于开发学生智力、培养学生能力。传统的智商理论认为智能是以语言能力和数学逻辑能力为核心的、以整合方式存在的一种能力，这就忽略了非智力因素对学生智能的影响。而多元智能开发的小学英语课堂教学的重点就是研究如何通过非智力因素的开发，提高学生的创新精神和实践能力。多元智能理论认为人的各项智能可以通过开发，使其优势智能得到充分发展、弱势智能得以提升。这就为促进学生的全面发展，全面提高学生的素质提供了理论依据，因为素质教育的实质就是全面发展人的潜能。多元智能理论“重视每个人的智能现状与潜能发展的巨大可能性，坚信积极有效的教育对于智能发展和人格成长的促进作用；它给了教育与个人成就关联的最好理由——要求教师从每个学生的智能特点出发,‘创造更适合孩子的教育’。”[①]

同时,本文也具有较强的实践价值。在众多的改革尝试和研究中,课堂教学始终是关注的中心,而学校实施素质教育的基本途径也正是课堂教学。所以本文就以此为观测点,探讨如何将多元智能理论应用于小学英语课堂教学,使“课堂为学生服务,教学为学生设计”的意识得到更好的贯彻和加强,从多元智能理论的形成、基本内涵及教育影响分析、多元智能理论在小学英语教学中的应用现状及价值分析、基于多元智能开发的小学英语教学观念重建及小学英语语言技能教学策略几个方面探讨多样化的小学英语教学课型和教学活动设计,开发学生智能,通过开展适合不同学生智能特点的教学活动,使他们都能对教学内容加深理解,让学生“在做中学”,“在活动中去感受”,“在经历中学习”,“在情景中评价”,从而改进教学模式,丰富课堂内容,改善教学气氛,提高学生的学习兴趣,促进基础外语教学效率。

① 刘竑波.多元智能与教师[M].上海:上海教育出版社,2005:393.

目 录

第一章　多元智能理论的形成、内涵及影响

美国哈佛大学著名心理学家和教育家霍华德·加德纳(Howard Gardner)于1983年提出的“多元智能理论”[①]为世界所瞩目，这也标志着人类对于多元智能理论研究的开始。多元智能提出以来，30多年来一直广受世界各国教育工作者的青睐，在美国、日本、澳大利亚、英国都有许多有关多元智能在教育教学领域中的应用研究。

第一节　多元智能理论的历史考察

霍华德·加德纳（Howard Gardner），当代世界著名心理学家和教育学家，1942年出生于美国宾夕法尼亚州，1965年从哈佛学院本科毕业后曾在美国伦敦经济学院学习一年，1971年在哈佛大学获博士学位。现任美国哈佛大学教育研究院心理学教授、教育学教授，“零点计划”学术委员会主席，波士顿大学医学院神经学兼职教授。因1983年创建多元智能理论，被誉为“推动美国教育改革的首席科学家”而名扬世界，足迹遍及五大洲，获得了众多的荣誉。

多年来，加德纳一直致力于认知和符号运用能力两个方面的研究——前者是对正常和天才儿童的研究，后者是对脑部受伤的成人的研究。在不

① Gardner, H.Frames of Mind: The Theory of Multiple Intelligences [M].New York: Basic Books, 1983.

断努力试图整合这两方面研究的过程中，他于1983年提出“多元智能理论”，这标志着多元智能(multiple intelligences)理论的诞生。这一理论对传统的智商概念和智力标准化测量理论进行了批判和质疑，在世界范围内引起了广泛关注。之后他相继出版了：《智能的新科学》(Gardner，1985)；《开发智能——中国走出当前教育困境的启示》(Gardner，1989)；《未教化的智能——儿童怎样思维和学校如何教》(Gardner，1991)；《未来的学校》(Gardner，1991)；《还有其他智能吗？以自然智能为例》(Gardner，1995)；《多彩光谱计划—早期学习活动》(Gardner，1998)；《智能训练——学生怎样理解》(Gardner，1999)；《重构智能——面向21世纪的多元智能》(Gardner，1999)等著作和各种论文。从加德纳参与零点项目(Zero Project)主持开始，他的心理学思想和对多元智能研究的目的就是为美国教育的平等性和多元化改革提供理论基础，从以上列举的这些著作看，加德纳的多元智能理论已从当初的心理学渗透并发展到教育领域，而且成为当今世界上极具影响力的教育心理学之一。

其实，他的理论一经提出，便在教育领域内得到广泛的接受和运用。仅在美国，关于多元智能的学校或者加德纳实验学校就有100多所，[①]根据多元智能理论进行教育改革的学校则不计其数。而以托马斯·阿姆斯特朗博士(Dr. Thomas Armstrong)和琳达·坎贝尔(Linda Campbell)、布鲁斯·坎贝尔(Bruce Campbell)等人为首的美国教育学家们更是将这种理论在教育领域内的应用推向高潮，他们的著作：《多种聪明——认同和开发你的多元智能》(Thomas Armstrong, 1999)；《用自己的方式发现和鼓励孩子的多元智能》(Thomas Armstrong, 2000)；《成为多元智能学校》(Thomas R. Hoerr, 2000)；《你比你想象的还聪明——孩子多元智能的指导》(Thomas Armstrong, 2001)；《课堂中的多元智能——开展以学生为中心的教学》(Thomas Armstrong, 2003)；《多元智能与学生成就——六所学校的成功案例》(Campbell, L. & Campbell, B. 2003)；《多元智能与多元评价——运用评价促进学生发

① 夏惠贤.多元智力理论与个性化教学[M].上海：上海科技教育出版社，2003:47.

展》(Bellanca, J. , Chapman, C. & Swartz, E. 2004);《多元智力教与学的策略》(Campbell, L. , Campbell, B. & Dickinson, D. 2004);《多元智能与项目学习——活动设计指导》(Sally Berman, 2004)等已被翻译成多种文字。在美国这个多元的国度里,教育教学理论流派林立、竟相纷呈,可以说不到十年,就会出现一代新的理论,而多元智能理论迄今已有30多年的历史了,在美国的理论界和教育教学实践中的应用仍然经久不衰,并且它的影响力还呈现出方兴未艾的趋势。

对于多元智能的研究,我国教育界起步较晚。光明日报社在1990年出版了我国第一部关于多元智能的译著:《智能的结构》(加德纳著,兰金仁译)。后来,理论界开始重视这方面的研究,但大多停留在心理学的领域,整合到各学科,特别是英语学科,这方面的研究却不多。从笔者搜集的资料看,国内的研究状况大致如下:

大多为译著,停留在理论追随阶段。如:《MI——开启多元智能新世纪》(加德纳著,陈琼森译,1997);《多元智能》(加德纳著,沈致隆译,1999);《多元智能与学生成就——六所学校的成功案例》(琳达·坎贝尔等著,刘竑波等译,2003);《课堂中的多元智能——开展以学生为中心的教学》(阿姆斯特朗著,张咏梅等译,2003);《成为一所多元智能学校》(霍尔著,郅庭瑾译,2003);《多元智能与多元评价——运用评价促进学生发展》(贝兰卡等著,夏惠贤等译,2004);《多元智力教与学的策略》(琳达·坎贝尔等著,霍力岩等译,2004);《智力的重构——21世纪的多元智能》(加德纳著,霍力岩等译,2004)等,这些译著为我国开展多元智能研究提供了理论依据和指导方向。

大多在探讨多元智能对我国教育教学改革的积极意义或多元智能平台上的跨学科整合课程,如:

《加德纳的多元智力理论及其主要依据探析》(霍力岩,2000)。文章分析了加德纳多元智能理论的基本涵义,以及关于确定某一种能力是否可以成为多元智能框架中一种智能的8个主要依据,并提出了多元智能理论对我国教育改革的积极意义:积极乐观的学生观,"对症下药"的教学观,灵活多样的评价观。

《多元智力理论及其对我们的启示》(霍力岩,2000)。文章中对多元智能理论的基本结构和主要涵义进行了分析研究,并在此基础上探讨多元智能理论对我国教育教学改革的几点启示:树立积极乐观的学生观,注重培养学生的创造能力,强调保证学生的全面发展,促进学生特殊才能的充分展示,帮助学生将优势智能领域的特点迁移到弱势智能领域。

《"多元智力"与课程设计》(钟启泉,2001)。文章中认为人的智能是多元的,并且这些智能都是与生俱来的,存在个别差异。提出了"多元智力"对于课程设计提供的诸多启示,如:更新课程内容,扩充能力范围;讲究个别性、个性化设计;丰富课程资源,营造合作文化;开发评估工具。

《"多元智能"理论对教育改革的启示》(吴志宏,2002)。吴教授通过教育实验,提出了"多元智能"理论对我国当前教育改革的启示:有助于转变教育观,端正学生观,形成多样化的教学观,丰富素质教育的理论基础,促进教师的教学行为。

《"多元智能"理论对课堂教学改革的启示》(郅庭瑾,2002)。文章中提出的启示是:为智能(思维)而教,围绕问题展开教学。

《多元智能教学》(郅庭瑾,2004)。书中对多元智能教学进行了一些尝试性的思考和阐释,从多元智能的解读到探讨课堂里的多元智能,将多元智能渗透到教学的全过程以及多元智能教学评价等几方面,提出了一种理念,一种人们对于教学应该如何进行的认识和思考。

- 对于多元智能视野下的英语教学研究只能散见于不多的几篇论文中,如:

《多元智能理论与英语教学整合初探》(李志颖,闫寒冰,2002)。文中讨论了多元智能与英语教学整合的可能性与必要性,进而提出了两者整合的具体设想,以期利用基于多元智能开发的丰富活动形式来改进英语教学形式,激发学生潜质,提高学习效果,系统全面地开发学生的多种智能,促进英语教学质量与学生综合素质的提高。

《运用多元智能理论进行小学英语教学的尝试》(傅淑玲,2003)。文中提出了在教学实践中运用多元智能理论进行小学英语教学的几种尝试性方法:运用续编故事开发语言文学智能和逻辑智能,运用说唱开发音乐旋律智能,运用趣味数学开发数学逻辑智能,运用绘画开发视觉空间智能,运用动手操作和表演开发身体运动智能,运用小组合作开发人际关系智能,运用教学内容开发自我认识智能,运用户外活动开发自然观察者智能。

《论多元智能理论与英语教学的整合》(黄远振,2003)。文中以英语教学为切入点,探讨了多元智能与英语课堂教学整合的途径与方法。

《多元智力理论视野下的英语教学》(于凤茹,2005)。文中探讨了借鉴多元智能理论落实新课程改革精神,介绍了该理论与英语教学整合的三种模式:拓展教学单元模式、多元智能情境教学模式、主题探索模式。

《基于多元智力理论,探索英语个性化教学》(丁祖保,2005)。文中从智能观、教学观、评价观、语言观、学生观和教师观等不同角度探讨了多元智能理论对外语教学的积极意义,论述了多元智能理论平台上的外语教学的若干方法,为基于这一理论探索出英语个性化教学的若干思路。

第二节　多元智能理论的基本内涵

"智力"的英文单词是"intelligence",但关于"什么是智力,至今尚无一个公认的确切定义。"[①] 对于智力内涵的界定,至今仍然没有取得共识。但是大多数学者认为智力是与人的认识过程有关的,主要是指人的认识方面的能力,是较为稳定的心理特征的综合,受先天因素影响较多。另外,智力本身也和能力密切相关。

"能力"是个内涵非常丰富的概念,至今大家对它的看法也是见仁见智。有的学者认为"能力是人们在实际活动中逐渐形成起来的稳定的心理

① 刘金花.儿童发展心理学[C].上海:华东师范大学出版社,1997:138.

特点的综合,而这种综合足以保证人们成功地进行实际活动。"[①]能力的培养和发挥与智力的发展也是密切相关的。

"智能"这一说法的提出涉及"智力"和"能力"的关系定位。"在日常生活中、教育工作和心理学中,智力和能力这两个术语又用得相当混乱。如有用能力包含智力的,也有用智力包含能力的;有把二者平列的,也有把二者混同的。鉴于此种情况,我们认为,采用智能这一概念就很有必要。"[②]

在英语中,智能可以翻译为"intelligence and ability",可以认为智能是智力和能力的总称。[③]智力和能力是两个不同的概念,但是它们之间又是紧密联系的。因此强调两者整合的"智能"观也就应运而生。智能关注的是智力和能力的联系,强调两者整合的一面。

鉴于以上对智力、能力和智能的分析,以及加德纳对于"intelligence"的理解,本文将加德纳的"Multiple Intelligences"译为"多元智能"。加德纳把智能界定为"在特定的文化背景下或社会中,解决问题或制造产品的能力。"[④]他认为:每一个人都拥有独特的认知方式,每一个人的智能都是多元的,世界上没有哪两个人具有完全相同的智能组合,人类至少具有 8 种智能。所以每个学生都是有自己的优势智能领域的、有自己学习类型和发展方向的可造就人才。多元智能理论的实质是试图通过扩大学习的内容领域促进以往被忽视的智能的开发,充分地发掘每个人身上隐藏着的巨大潜力,从整体上提高人的素质。

加德纳的多元智能理论的基本观点是:1. 智能不再是传统意义上的语言智能和数学逻辑智能,或者是以这两种智能为核心的智能,而是实践能力和创造能力;2. 智能是随着社会文化背景的不同而有所区别的为特定文化所珍视的能力;3. 智能是"独立自主、和平共处"的多种智能;4. 每个人同

---

① 燕国材. 智力因素与学习[M]. 北京:教育科学出版社,2002:13.

② 燕国材. 智力因素与学习[M]. 北京:教育科学出版社,2002:19.

③ 朱智贤. 心理学大词典[M]. 北京:北京师范大学出版社,1989:955.

④ [美]霍华德·加德纳著,沈致隆译. 多元智能[M]. 北京:新华出版社,1999:16.

时拥有八种或八种以上的智能；5.大多数人是有可能将任何一种智能发展到令人满意的水平的；6.智能之间通常以复杂的方式共同起作用。

在多元智能理论在教育中的应用方面，他重点强调了“个别化教育”和“为理解而教”的教育模式，提出个别化教育是多元智能理论的重要教育使命，通过多元智能理论促进学生的理解是教育的重要目标。加德纳同他在“零点项目”的同事们一道，在基于项目的评价设计、为理解而教，以及运用多元智能去获取个性化的课程、教学和评价等方面进行了大量的研究。

传统智能观认为智能只是一种单一的逻辑推理或语文能力，并据此测量学生学习成绩的高低。而多元智能理论认为：每个人都拥有独特的认知方式，每个人的智能都是多元的，世界上没有哪两个人具有完全相同的智能组合，“我们每个人所拥有的每种智能的数量各不相同，并且我们每个人都以高度个性化的方式组合和运用多种智能”。①1989年，加德纳把智能界定为“在特定的文化背景下或社会中，解决问题或制造产品的能力。”②重新定义了智能的概念。在1993年出版的《多元智能》一书中对八种智能作了如下简介：

- **语言智能(linguistic intelligence)**

“语言智能，就是诗人身上所表现出来的对语言文字的掌握能力。”③它表现为个人能顺利而有效地利用语言描述事件，表达思想并与他人交流。作家、诗人、记者、演说家、新闻播音员都显示出高度的语言智能。

- **数学逻辑智能(logical-mathematical intelligence)**

“数学逻辑智能是数学和逻辑推理的能力以及科学分析的能力。”④它

① [美] 琳达·坎贝尔，布鲁斯·坎贝尔，迪金森著，霍力岩、沙莉等译．多元智力教与学的策略[M]. 北京：中国轻工业出版社，2004:2.

② [美]霍华德·加德纳著，沈致隆译．多元智能[M]. 北京：新华出版社，1999:16.

③ [美]霍华德·加德纳著，沈致隆译．多元智能[M]. 北京：新华出版社，1999:9.

④ [美]霍华德·加德纳著，沈致隆译．多元智能[M]. 北京：新华出版社，1999:9.

主要表现为个人对事物间各种关系，如类比、对比、因果和逻辑等关系的敏感以及通过数理进行运算和逻辑推理等，科学家、数学家、逻辑学家、会计师、工程师和电脑程序设计师就是这种人。

- **空间智能(spatial intelligence)**

“空间智能，是在脑中形成一个外部空间世界的模式并能够运用和操作这种模式的能力。水手、工程师、外科医生、雕刻家、画家都是具有高度发达的空间智能的例子。”①它指的是人对色彩、形状、空间位置等要素的准确感受和表达能力，表现为个人对线条、形状、结构、色彩和空间关系的敏感以及通过图形将它们表现出来的能力。

- **音乐智能(musical intelligence)**

音乐智能指的是个人感受、辨别、记忆、表达音乐的能力，表现为个人对节奏、音调、音色和旋律的敏感以及通过作曲、演奏、歌唱等形式来表达自己的思想或情感。“伦纳德·伯恩斯坦拥有很高的音乐智能，莫扎特的可能更高。”②

- **身体运动智能(bodily-kinesthetic intelligence)**

“身体运动智能，是运用整个身体或身体的一部分解决问题或制造产品的能力。舞蹈家、运动员、外科医生、手工艺大师等人都表现出高度发达的身体运动智能。”③它指的是人的身体协调、平衡能力和运动的力量、速度、灵活性等，表现为用身体表达思想、情感的能力和动手的能力。

- **人际关系智能(interpersonal intelligence)**

“人际关系智能就是理解他人的能力。也即理解和认识：什么是他人

---

① [美]霍华德·加德纳著，沈致隆译．多元智能[M]．北京：新华出版社，1999：9.

② [美]霍华德·加德纳著，沈致隆译．多元智能[M]．北京：新华出版社，1999：9.

③ [美]霍华德·加德纳著，沈致隆译．多元智能[M]．北京：新华出版社，1999：9.

的动机？他人是怎样工作的？如何才能与他人更好地合作？等等。成功的销售商、政治家、教师、心理医生、宗教领袖等，都是拥有高度人际关系智能的人。”[①]它指的是对他人的表情、说话、手势动作的敏感程度以及对此做出有效反应的能力，表现为个人觉察、体验他人的情绪、情感并做出适当的反应。

- **自我认识智能(intra-personal intelligence)**

“自我认识智能，这是一种深入自己内心世界的能力，即建立准确而真实的自我模式并在实际生活中有效地运用这一模式的能力。”[②]神学家、心理学家和哲学家就是拥有高度的自我认识智能的典型例证。

- **自然观察者智能(naturalist intelligence)**

自然观察者智能指的是人们辨别生物以及敏锐感知自然界其他特征的能力，表现为能够认识到其他物种或类似物种的存在，能够把几种物种之间的关系罗列出来等等。“自然观察者展示出对他/她所处环境中植物和动物的无数物种进行辨别和分类的专业知识。”[③]这种智能在过去人类进化过程中显然是很有价值的，如狩猎、采集和种植等，同时这种智能在植物学家、生态学家、庭院设计师、猎人和厨师身上有重要的体现。

上述八种智能可加以归类成三类：一类是与物体有关的，包括数学逻辑智能、空间智能、身体运动智能以及自然观察者智能，这些智能会受到个体在环境中所遇物体的支配和影响；一类是与物体无关的智能，包括语言智能与音乐智能，它们不会受到物质世界的影响，但依赖于语言和音乐系统；另一类是与人有关的智能，包括人际交往智能与自我认识智能。

---

① [美]霍华德·加德纳著，沈致隆译．多元智能[M]．北京：新华出版社，1999:10.

② [美]霍华德·加德纳著，沈致隆译．多元智能[M]．北京：新华出版社，1999:10.

③ [美]霍华德·加德纳著，霍力岩、房阳洋等译．智力的重构：21世纪的多元智能[M]．北京：中国轻工业出版社，2004:58.

第三节 多元智能理论的教育影响

多元智能提出以来，一直广受世界各国教育工作者的青睐，在世界上许多国家都有关于多元智能在教育领域中的应用研究。下面笔者就简单介绍一下多元智能理论在教学中应用的基本观点及其在美英等国的教学实践中的探索。

迄今为止，美国至少有500多所学校是应用多元智能理论和以多元智能理论为基础而建立的。[①]在美国的众多教育网站上，有关多元智能的资料也是不胜枚举，就连美国最具权威的教育资料库——教育研究信息中心(Educational Research Information Center，简称ERIC)也把多元智能理论列为一个单独的条目，加德纳还被《纽约时报》称为美国当今最有影响力的发展心理学家和教育学家。[②]一些学者、专家甚至中小学校长、教师在这方面孜孜不倦，出版了大量的有关多元智能在教学中应用的文章和著作，在这方面做出突出贡献的除了加德纳本人以外，还有阿姆斯特朗(T . Armstrong)、梅克(J . Maker)、拉齐尔(D . Lazear)、林达·坎贝尔(Linda Campbell)、布鲁斯·坎贝尔(Bruce Campbell)、迪金森(D. Dickinson)等，他们的研究极大地推动了该理论在教育教学中的发展。哈佛教育研究生院院长墨菲(N. Murphy)曾对多元智能的实验研究做出了如下评价："他们的工作帮助教育家辨认和培养那些在传统教育中不被承认和没有被发现的智能强项，开发和试验了新的课程、新的活动、新的评估方法和教学方法，对美国各级学校有深远的影响。"[③]

---

① 余新．多元智能在世界[C]．北京：首都师范大学出版社，2004：2.

② 同上．

③ [美]霍华德·加德纳著，沈致隆译．多元智能[M]．北京：新华出版社，1999："译者的话"P6.

在英国，尽管多元智能理论没有像在美国那样得到广泛的推广及实践，但人们对加德纳的理论思想越来越感兴趣。不同层次的教师培训者和作者们促进了多元智能理论的推广及传播。多元智能理论深入浅出，易于理解和实践，提出所有智能都是平等的，因此，它被许多家长和教师所接受。近年来，英国的政府部长们和各级教育政策决策者们也开始关注多元智能理论。多元智能理论之所以日益被人们接受，在于传统的课程未能帮助满足面临各种社会问题的学生的需要。而现在，加德纳的思想观点正在被用来作为"城市卓越成就"(the Excellence in Cities Programme)计划界定天才学生的理论依据，并被用来作为推广特色学校(specialist schools)和城市专门学校(city academies)的有力论证依据。这是因为多元智能理论对不同的能力及智能进行了细致的区分，并把各种能力、智能发展的重要性凸现出来，而21世纪经济发展所需要的劳动力就是要具有不同的能力和技能。[①]

在澳大利亚，教学要求不断的花样翻新和教学资源的不断减少使多元智能理论吸引了一部分教师及学校的注意，有的已将其付诸实践。加德纳的理论20多年前开始传播，至今，其受众人数正持续稳步增长。从幼儿园到大学，不同教学岗位上的教师都对多元智能表示认同，他们有的已将这种教学理论融入了他们的教学活动中。加德纳的理论更多是在幼儿园和小学实施，因为这两个教育阶段的教师更看中孩子的全面发展。加德纳特色幼儿园学校的老师接受采访时表示，这种教育理论为他们从事的早期教育提供了很好的理论支撑，通过对孩子持续集中的观察，他们对每个孩子的能力有了更深入的了解。与此同时，大多数澳大利亚小学教师已经将多元智能理论融入他们的教学实践中。他们认为，采用多元智能教学方法可以让他们更深入地了解学生，尤其是它能帮助教师了解学生的智能水平和他们的兴趣。[②]

① 余新.多元智能在世界[C].北京：首都师范大学出版社，2004：114.

② 余新.多元智能在世界[C].北京：首都师范大学出版社，2004：70-79.

在日本，为了推进教育改革，日本教育部曾经提出的开设一门培养学生创造力的新学科“综合学习”，通过这门学科，学生们可以通过不同方式根据他们的兴趣开展跨学科的学习。其理念完全与多元智能理论指导的学校观相符合。可是日本当前教育改革的重心又回到了语言智能和数学逻辑智能上去了。2002年10月日语版《新闻周刊》介绍了多元智能理论在美国的成功案例，文中指出在标准化考试中，学术成就或高分获得是通过鼓励学生沿着智能特长的不同途径实现的。今天，虽然日本教育改革的重心回到了填鸭式教育，但多元智能理论仍有助于学生理解各学科知识，提高日本教育质量，从而为日本教育改革寻找新的突破点。

综上所述，多元智能理论对各国的教育影响主要体现在以下几方面：

首先，转变教师的学生观以及教师对学生的观察方式，由关注智商的高低转向关注学生的智能类型和差异，为学生提供多种多样的学习机会，以便更加全面地认识学生。

其次，改变课程设计模式，寻求多元智能理论下新的课程设计模式，比如说有关学生智能发展的课程，有关多元模式的课程等。

第三，改变对学生的评价方式，强调评价的情景性、多样化的评价方法。

第四，注重对教师的支持，并将多元智能应用于教师的专业发展，如组织教师“智能小组”，邀请专家和教师一起开发课程等。

加德纳提出了“为理解而教”，情景化的评价方式和“个别化”的教学方式，这些观点为我们的教学活动提供了很好的借鉴。

加德纳认为当多元智能理论在为如下两个教育目标服务时可能是最有效的。第一个教育目标是帮助学生获得某种为社会所珍视的成人角色或终极状态。第二个教育目标——是帮助学生更深刻地理解一定的课程或学科材料。[1]

---

① [美] 霍华德·加德纳著，霍力岩、房阳洋等译．智力的重构：21世纪的多元智能[M]．北京：中国轻工业出版社，2004：207.

我们所处的时代是知识经济时代,学生将面临的需要掌握处理的信息量在不断增长,通过有计划、有组织地实施教学来传授知识仍然是人类信息传递的最简捷途径。传授知识的落脚点是学生学习知识,包含着学生拥有或知道知识的多少和理解运用知识的程度两方面的问题,因而也就存在教师是为"知道"而教还是为"理解"而教的问题。

通常我们讲"知道"是指个体在大脑里储存了相关的信息,可以随时记起;相对而言,"理解"表明个体具有驾驭所储存信息的技能。哈佛大学"零点项目"的协同主持人伯金斯认为,所谓"理解"应该是指个体能够运用信息做一些事情,而不是复述这些信息,并且这种理解激发了行动而非仅仅占有信息。当学生理解了某事物时,他们就能够用自己的话来解释该事物的概念,并可以进行新的分析和概括。[①]也可以这样阐释"理解":一是领会,二是能将所学知识运用于新的情境中。[②]

为了实现为理解而教,Linda Campbell 等人通过多元智能教学实践,指出了教育工作者在教学过程中应注意的几个为理解而教的原则[③]:教育者可以确定一些学生将会使用的基本技能、知识以及学习结果;一旦确定下值得研究的概念之后,教师们可以考虑如何将这些概念以最理想的方式呈现给学生;除了教师主导的课程外,学生们还可以从课程里的一些偶然发现中受益;为学生提供接触拥有专业知识的人士以及练习单元内容的机会,从而发展他们的理解技能,加强学生研究的实际价值;所有学生都应该在学习中运用高级思维技巧,能够概括出他们学习了什么,能为所学习的内容提供示例,能将学习内容与自己的经历联系起来,并将这些知识运用到新的环境中去;教师的评价应该是多维度的,并且是和学生的自我评价整合在一起的。

---

① [美] 琳达·坎贝尔,布鲁斯·坎贝尔,迪金森著,霍力岩、沙莉等译.多元智力教与学的策略[M].北京:中国轻工业出版社,2004:315.

② 刘正伟.国际语文课程与教学比较[M].杭州:浙江大学出版社,2008:272.

③ [美] 琳达·坎贝尔,布鲁斯·坎贝尔,迪金森著,霍力岩、沙莉等译.多元智力教与学的策略[M].北京:中国轻工业出版社,2004:316-317.

智能理论首先强调进行与学习过程相一致的情景化评价，它要求将评价建立在“真实世界的活动基础上”，倡导建构情景化的评价，旨在“通过情景化评价激发智能。”[①]其次它强调评价的发展性功能，评价的结果只被认作是学生智能的部分表现，而不是学生智能的唯一标准；最后，多元智能理论在评价的主体、内容、方式等方面，强调多元性。

加德纳认为，既然承认学生多元智能的存在，就不能用单一的课程评价方式对待学生，而应该以多种评价的手段和方法去衡量不同的学生。对学生的智能评估的一个重要方面，就是在使用该种智能的媒体时，看学生解决问题或创造产品的能力。[②]同时他还指出“除非将评估放置在一个真实的领域和社会背景下，否则我们就有充分的理由怀疑这种评估是否足以代表人类智能的全部表现”。[③]最好使被评估者置身于相当复杂的环境中，而这环境能够激发他所拥有的多种智能；或能提供一组根据不同智能设计的器材或场景，然后观察他或她是否被吸引及钻研的程度。

加德纳认为，教育工作者的第一角色是“评估专家”。“零点项目”的“艺术推进”研究指出，学生在评价中扮演的角色应该是PROPEL：PRO代表生产(production)，其中R代表反思(reflection)；PE代表知觉、发现(perception)；而L代表学习(learning)。[④]加德纳指出评价必须坚持这三条标准：[⑤]必须是“智能展示”的评估方法，能直接观察到一种智能的潜力，而不必通过语言和数学逻辑的“反光镜”；必须具有发展的眼光，即评估学生在某一特定领域的知识，必须使用适合学生在一定发展阶段的方法；必须与推荐相关联，即对一名具有特定智能儿童的评估，评估所得的分数和评语，必须与这名

① 余新．多元智能在世界[C]．北京：首都师范大学出版社，2004：自序P3.

② [美]霍华德·加德纳著，沈致隆译．多元智能[M]．北京：新华出版社，1999：34-35.

③ [美] 琳达·坎贝尔，布鲁斯·坎贝尔，迪金森著，霍力岩、沙莉等译．多元智力教与学的策略[M]．北京：中国轻工业出版社，2004：323.

④ [美] 琳达·坎贝尔，布鲁斯·坎贝尔，迪金森著，霍力岩、沙莉等译．多元智力教与学的策略[M]．北京：中国轻工业出版社，2004：326.

⑤ [美]霍华德·加德纳著，沈致隆译．多元智能[M]．北京：新华出版社，1999：79.

学生推荐的活动相关。

加德纳认为,学生的各项智能与生俱来地存在着差异性,“生命有一个惊人的特点,就是我们人类的每个人和其他人都不同,而且,尽管世界正朝着一体化发展,我们个人之间的差异却并没有减少的迹象。”[①]他认为“教育方法的确立,就应该反映这个差异,应该努力确保每个人所受的教育,都有助于受教育者最大限度地发挥其智能潜力。”[②]学生都具有自己的智能强项,有自己的学习风格。如果考虑这些差异,教学以个别化方式来进行,那么教学就会产生最大的功效,“如果过去的千年带给人类的是民主,那么现在这个千年将给我们带来更大的个别化——个别化,并不是指自私自利,而是对每个个人的尊重。”[③]为此,加德纳提出了个性化教学的设想,即在可能的范围内使具有不同智能的学生都能受到同样好的教育。

① [美] 霍华德·加德纳著,霍力岩、房阳洋等译.智力的重构:21世纪的多元智能[M].北京:中国轻工业出版社,2004:266.

② [美]霍华德·加德纳著,沈致隆译.多元智能[M].北京:新华出版社,1999:78.

③ [美] 霍华德·加德纳著,霍力岩、房阳洋等译.智力的重构:21世纪的多元智能[M].北京:中国轻工业出版社,2004:266.

第二章　多元智能理论在小学英语教学中的应用现状及价值分析

多元智能理论从其创始就从各种途径传入中国，在全面推进素质教育的大潮中，开始得到广大教育工作者的认同，成为我们借鉴国外先进心理学和教育学理论中最热门的一个。

第一节　多元智能理论在小学英语教学中的应用现状

2000年中美教育研讨会以后，我国正式开展相关的研究，以“借鉴多元智能理论，开发学生潜能的实践研究”为课题，在一些中小学开展了多种形式的学习、实践研讨和交流活动。目前已经初步形成了众多与中国现行教育改革相结合的、借鉴多元智能理论的实践研究项目。我国国内基础教育阶段的学校，借鉴多元智能理论开展实践研究的，已经大大超过500所。[①]中国教育学会已将“借鉴多元智能理论、开发学生潜能的实践研究”列入“十五”规划课题，并在北京、上海、山东、山西和浙江等地建立了五个实验基地，实验主要涉及多元智能教师培养、多元智能课堂研究、多元评价、多元智能学校建设等方面的研究，并在学生观、教学观、课程观、评价观、能力观等诸多方面，都有理论和实践上的发展，为教育改革注入了新的活力。国内知名的教育家陶希平、顾明远、谈松华、郭富昌、梅汝莉等是这一研究

① 郭福昌、王长沛.多元智能在中国[C].北京：首都师范大学出版社，2004:37.

课题的组织者和指导者。

近几年,多元智能在我国小学英语教学中的应用和实践主要表现为这几个方面的特征:

首先,应用的地域范围还比较小,主要集中在几个实验基地的少数学校,而且大多在探讨多元智能对我国教育教学改革的积极意义或多元智能平台上的跨学科整合课程,比如说浙江省东阳市教育局组织的“区域性整体构建儿童‘多元智能’发展教育模式的研究与实验”;上海部分小学以“开发学生智能、塑造健全人格”为指导思想的多元智能的教学实验;山东诸城的吕标一中的多元评价的试行等。对于多元智能理论在我国小学英语教学中应用研究和实践却不多,比较深入地研究多元智能视野下的英语教学只散见于不多的几篇论文中,如:丁祖保《基于多元智力理论,探索英语个性化教学》;李志颖,闫寒冰《多元智能理论与英语教学整合初探》;谭爱华《小学英语教学的目的、手段和评价——从多元智力理论说开去》;傅淑玲《运用多元智能理论进行小学英语教学的尝试》等。

其次,以多元智能为工具,探索教学方法的改革。在教学方法方面,以“通过多元智能而教”为指导,主要强调英语学科课程中教学方法的多样化,激发学生兴趣,使学生通过自己的强势智能习得知识,并促进其他智能的发展。例如在英语课上,老师让学生记住单词的办法,不再是一遍遍重复地读、机械地写,而是把以往机械的训练融于做游戏、猜谜语、涂颜色、唱歌等等一系列可以调动肢体、语言、音乐、交际、空间思维等多种智能的活动之中。

第三,在一些实验学校关于借鉴多元智能理论的实践研究过程中,英语教师个人也在学科领域内进行了尝试运用。如上海浦东新区海桐小学二年级的英语课上,用“猜谜”的方式进行教学,老师用英语说出 fox, bird, cow 等动物的特征,学生们猜测答案;老师用动作表示某个单词,学生们猜测单词。然后学生自己出谜面、做动作,其他同学互相猜。用这种形式呈现教学内容,既加深学生对知识点的掌握,又发展了他们的语言智能、人际交往智能。[①]再如华东师范大学附属杭州学校,在小学部开展“六动”课堂的背景下,小学英语学科的老师也积极开展多元智能理论指导下的小学英语教学研究活动中,在课堂中践行动脑(逻辑思维智能)、动手(自我认识智能)、动耳(人际交往智能)、动体(身体运动智能)、动眼(自然观察者智能、空间智能)、动嘴(语言智能)。老师们把开发学生潜能的立脚点落实在课堂教学上,以极大的热情和辛勤的努力,在学科教学策略和模式、教学评价等方面进行了尝试,上出了一堂又一堂受欢迎的课。

针对英语课程标准对小学英语提出的综合性多元性目标,多元智能理论不失为一种较为有效的方法。但总体说来,还存在以下几个问题:“个别化”教学难以实施;“通过多元智能而教”的教学方法运用不够;情景化、多元化的评价方式的难处。

- **“个别化”教学难以实施**

多元智能观的核心就在于认真地对待学生的智能差异。为此,加德纳提出了个别化教学的设想,即在可能的范围内使具有不同智能的学生都能受到同样好的教育。个别化教学是建立在了解每一个学生的智能特点的基础上的,即教师应在了解每一个学生的背景、兴趣爱好、学习强项的基础上,确定最有利于每一个学生学习的教学方法和策略,进而做到因材施教。《全日制义务教育英语课程标准》也明确提出,英语课的主要目的是促进学生身心和智能的全面、和谐与均衡发展:英语课程要面向全体学生,注重素质教育,突出学生个性,尊重个体差异,为学生全面发展和终身发展奠定基础。而英语课程目标就包含五大部分内容:学生的语言技能、语言知识、情感态度、学习策略和文化意识等。因此,如何在课堂教学过程中落实和贯彻“面向全体学生,为学生的全面发展和终身发展奠定基础”,就成了摆在我们面前亟待解决的问题。

但在我国小学英语课堂教学中,个别化教学很难实施,表现在:在教学

① 郭福昌、王长沛.多元智能在中国[C].北京:首都师范大学出版社,2004:141.

中，教师难以关注到每一个学生的学习状态和智能发展。课堂教学强调统一、效率，而个别化教学强调个体、差异。特别是在人数较多的班级中，考虑到大多数同学的学习利益，教师往往难以关注到每一个学生的学习状态。

在教学过程中，教师为照顾大多数学生的利益，不可避免地要忽视一部分人。在授课时用统一的进度，统一的方法进行教学能照顾到大多数的同时，又有为数不少的同学无法被关注，如果老师以中等生为准设置教学进度，那么后进生实际被放弃，因为他们无法跟上步伐，他们要学得新知识花费的时间是最长的。大多数老师无法忍受以后进生为准设置教学进度，那样做课堂上优等生与中等生的时间同样被浪费。总之如果从学生的角度分析，无论老师的教学技艺有多高超，课堂教学总是会忽视一部分人。

- **“通过多元智能而教”的教学方法运用不够**

虽然一些实验学校注重以多元智能为工具，探索教学方法的改革，在教学方法方面，以“通过多元智能而教”为指导，强调英语学科课程中教学方法的多样化，激发学生兴趣，使学生通过自己的强势智能习得知识，并促进其他智能的发展。但即使是在倡导多元智能教学的课堂中，教师也很难一下子改变长久以来的思维定式，在教学设计上常常缺乏创见、变通和思维力度，往往因循原有的教学模式，情境创设不够丰富，不能照顾到课堂中的个别差异，也不能与课堂中学生的实际需要相呼应，随机应变，做出相应的拓展，不重视对擅长不同智能的学生的不同学习过程和方式加以分析和指导。

而且小学英语教学向来重视基础知识的传授和基本技能的训练，其中知识的传授一直是课堂教学的主要任务。因此，练习、抄写、背诵和记忆还是教学的基本方法。除了在各级各类公开课上优秀教师的展示课、评比课、示范课之外的平时的课堂中，小学英语教师的课堂教学方式还是显得不够灵活丰富。在2004年的小学英语教学现状调查中，当被问及“英语课堂上哪方面花的时间最多？”时，7%的学生回答“听力活动”；17%的学生回答“口语活动”;49%的学生回答“老师讲解”;27%的学生回答“做练习题”。[①]读课文、讲课文、做练习、做听写这些传统方式在课堂上仍占据很重要的地位,这不符合小学生的年龄特征和学习习惯,当然更不适合他们智能的发展。“我们之中没有两个人拥有完全相同的智能的层面,这使社会丰富多彩,生命更有魅力。但是,我们面对着的教育系统,却忽视了个体之间智能的差异,对所有受教育者都采用相同的教育方式,好像他们的智能层面都是相同的,或者设法使他们最终都相同”。[②]

- **情景化、多元化的评价方式的难处**

这可能是小学英语教师实施多元智能理论的最大压力与困惑。多元智能理论强调进行与学习过程相一致的情景化评价,强调评价过程的开放性、价值的多元性、内容的全面性和手段的多样性。加德纳认为,既然承认学生多元智能的存在,就不能仍然套用单一的课程评价方式对待学生,而应该以多种评价的手段方法去衡量不同的学生。《全日制义务教育英语课程标准》也提出英语课程的评价体系要体现评价主体的多元化和评价形式的多样化。

但正如上文所说,由于小学英语课程考试的测试内容和形式的单一性,造成了评价体系的单一性。大部分老师还是只看重考试成绩,只注重终结性评价,不注重多元化的形成性课堂评价。这种单一的评价标准过分地强调学科知识的系统性,忽视人文性,以测试为评价的唯一形式,注重单纯的语言知识结构的考查,却很少能体现鼓励多种智能成长的努力。过于单一的考核标准势必带来刻板的教学行为,进而形成大量以考试为中心的教学活动,使本应生动活泼的学习过程僵化,给教师实施以学生为本的多元智能教学带来困难,使学生的身心发展受到限制。

---

① 梅德明主编.大中小学英语教学现状调查[C].上海:上海外语教育出版社,2004:51.

② 沈致隆.加德纳-艺术-多元智能[M].北京:北京师范大学出版社,2004:序言P2.

第二节 多元智能理论在小学英语教学中的价值分析

1. 多元智能理论在小学英语教学中应用的必要性

将多元智能理论应用于小学英语教学中具有重要意义。首先从学生生理发展的角度看，要全面开发其各项智能，使其均衡发展，体现了我国提出的全面发展的整体教育目标。《英语课程标准》指出：基础教育阶段英语课程的目标是以学生语言技能、语言知识、情感态度、学习策略和文化意识的发展为基础，培养学生英语综合语言运用能力。学生的发展是英语课程的出发点和归宿。英语课程在目标设定、教学过程、课程评价和教学资源的开发等方面都突出以学生为主体的思想。课程的实施应该成为学生在教师的指导下构建知识、提高技能、活跃思维、展现个性和拓展视野的过程。将多元智能运用到小学英语教学中有利于新时期英语教学的发展和学生的培养。

同时，多元智能理论切合小学英语教学实际的需要。当前小学英语课程考试的测试内容和形式还是相对比较单一，对所有学生都采用相同的以语言知识和技能掌握为主的教育评价方式。而目前相当一部分小学生参加各类校外英语培训班的学习，已经具有比较高的英语学习水平，但同时零起点的孩子也为数不少，这就增加了英语教学和评价的难度。面对日益国际化的教学，学校教育只有改革教学及评价体系，教师和学生的教与学的方法才会真正转变，课堂教学方式才会更为多样化和灵活化。将多元智能理论应用于小学英语教学的各个环节，引导一个个具有独特个性、鲜活生动的学生，逐步成为学习活动的主人，使他们的个性得到充分的发展而不受压抑，使他们逐渐具备终身学习的能力。

2. 多元智能理论在小学英语教学中应用的可行性

首先,多元智能理论与我国传统教育思想异曲同工。多元智能理论认为每个孩子拥有不同的智能结构,倡导个别化教学,这就与孔子的因材施教教育理念不谋而合,就如以前的“私塾”形式,就是个别化的教学,学生的家庭背景、学业年龄、个性特征、学习程度差异很大,所以教师的针对化教学也因人而异。是以多元智能很容易就能被我们的学习文化所接受,并运用到小学英语的实际教学中。

其次,多元智能理论的核心思想是关注智能的多元化和学生的个体差异性。将这一理论引入英语课堂体现了《义务教育英语课程标准》的理念。2011版的英语课程标准指出,课程的基本理念就是注重素质教育,体现语言学习对学生发展的价值;面向全体学生,关注语言学习者的不同特点和个体差异;强调学习过程,重视语言学习的实践性和应用性;优化评价方式,着重评价学生的综合语言运用能力等。多元智能理论非常强调要通过各种学习活动形式保证学生的多元智能都得到有效的发展,同时在促进学生全面发展的同时,要充分了解学生的现有英语水平和智能发展需求,选择合适的教学方法和策略,促进并培养学生的智能强项或特长。学习过程中,在语言智能、身体运动智能、数学逻辑智能、空间智能、人际关系智能、自我认识智能、自然观察者智能等多种智能的指导下,创设接近实际生活的语言环境,通过合作、探究、实践、参与、体验等多种方式,去达成语言学习的目的,同时在语言学习的过程中培养和发展各种智能。评价时通过情景化和多元化的形式,对知识技能、发现和解决问题的能力、交流合作的能力等多方面进行记录和考察,帮助学生发展自己的智能优势,使拥有不同智能特点的学生得到更多的适合自己的评价和机会,最终促进英语的综合语言运用能力。

再次,多元智能理论指明的每个人的多种潜能,为小学英语课堂教学中教师针对不同学生的个性化教学设计开拓出巨大的空间与可能性。小学英语学科具有工具性和人文性双重性质，正如课程标准中指出，就工具性而言，英语课程要让学生掌握基本的英语语言知识，发展听、说、读、写为主的语言技能，初步能用英语进行交流，促进思维发展。就人文性而言，英语课程要提高学生综合人文素养。在多元智能中，可以在各种智能指导下，设计相应的听、说、读、写的教学活动，在这个过程中使学生形成自己的语言思维，反过来促进各项智能的发展。小学英语几乎每节课都涉及听、说、读、写四项语言技能，语言技能的训练既是英语教学的目的，也是教学赖以进行的手段。在小学英语课堂教学中，听、说、读、写四个方面的训练相辅相成，互相促进，但并不意味着每节课都要在这四个方面平均用力。小学生活泼好动，模仿力强，根据他们的年龄特点，小学英语教学从入门阶段就应以听说为先导，全面发展听说读写的技能。在基于多元智能开发的小学英语教学中，教师在设计培养学生听、说、读、写能力的教学方法时，首先应该在了解不同学生智能发展差异的基础上，采取能够促进学生不同智能发展的各种各样的教学方法，设计有针对性的教学活动，尽可能地提高学生的语言、数学逻辑、身体运动、音乐、人际交往等各项智能。只有这样，把多元智能理论随时引入课堂教学，针对小学生的心理和生理特点采取丰富多彩的教学方法，才可能最大限度地培养学生各方面的能力。

第三章　基于多元智能开发的小学英语教学观念重建

多元智能理论的核心思想是关注智能的多元化和学生的个体差异性。将这一理论引入英语课堂体现了《全日制义务教育英语课程标准》的理念。它充分考虑了每个学生的个体差异，提倡了因材施教和个性化教学，倡导利用丰富多样的课堂活动去调动每个学生的积极参与，反对用统一僵化的标准来要求和评价每一个学生，为当前小学英语的教学观念提供了新的思路。在多元智能的指导下的小学英语教学在学生观、教学观和课程观上都进行了观念上的重建。

第一节　基于多元智能开发的学生观重建

传统的学生观尽管一直呼吁学生是学习的主体，但在实际操作中，这个观点往往被忽视，学生仍旧被当作教育的客体，在课堂上必须听从教师的指导，按照教师设计的课堂内容学习知识技能，按照统一的教学节奏前进。小学英语教学中还是普遍存在这样的情况：教师往往只注重英语知识和技能的传授，也即非常重视发展学生的语言智能，但却忽略了学生的人际交往、自我认识等智能，忽略了学生思维和情感的发展。

多元智能理论认为，智能是平等的。在各种智能之间，不存在哪种智能更重要，哪种智能更优越的问题，它们在人的智能结构中占有同等重要的位置，只不过在不同的人身上表现出不同的特点而已。正如加德纳所说:“将逻辑和语言智能置于中心位置,反映了西方文化的价值观。但从更高的奥林匹亚山上俯视,全部智能应有相同的地位。将其中有些叫作才能,有些叫作智能,就是偏见。如果你愿意,可以把它们全部叫作才能,或者全部叫作智能。”①

加德纳认为这八种智能在相当程度上是彼此独立存在的。大多数关于智能的论述都把着眼点放在语言能力和数学逻辑能力的结合上,但当我们考虑到空间、身体运动、音乐、人际交往以及自我认识智能的时候,一个全面的对人类能力的理解便展现在我们面前了。虽然人类都拥有这些智能,“但由于遗传和后天经验的影响,我们每个人都有着不同的强弱项智能的组合。”②当人的神经系统受到损害时,并不是所有的能力都同样受到损害。例如大脑左半球受损,可能会失去语言能力,在一定程度上却不一定会影响音乐、空间、人际关系能力。尽管每种智能彼此独立,但在解决问题时却是相互作用的,常常需要几种智能在同一件事上共同发挥作用,“几乎在所有的人身上,都是数种智能组合在一起解决问题或生产各式各样的、专业的和业余的文化产品。”③

是以,基于多元智能开发的学生观就是:学生是具有发展潜能的人,学生是具有个体差异的人。学生由于智能结构的差异,形成了不同的学习习惯或学习风格,为了增强学生的自信心,提高教学效能,促进其深刻理解所学内容,应当采取“扬长补短”的策略。人与人之间在智能上的差别不再是过去所理解的智商高低的差别,而是智能类型的差别。这就告诉我们为什么“一位学生在某个领域表现出色而在另一个方面却表现平平。”④每个学生都不同程度地拥有至少8种智能,因此不同学生之间的差别很重要的是

① [美]霍华德·加德纳著,沈致隆译.多元智能[M].北京:新华出版社,1999:38-39.

② [美]霍华德·加德纳著,霍力岩、房阳洋等译.智力的重构:21世纪的多元智能[M].北京:中国轻工业出版社,2004:代序P5.

③ [美]霍华德·加德纳著,沈致隆译.多元智能[M].北京:新华出版社,1999:10.

④ [美]琳达·坎贝尔,布鲁斯·坎贝尔著,刘竑波、张敏译.多元智能与学生成就:六所学校的成功案例[M].北京:教育科学出版社,2003:7.

他们之间各项智能水平之间的差别。所以问题不再是一个学生有多聪明，而是这个学生怎样聪明，在哪些方面聪明了。每个学生都有其可取的方面，重要的是教师应该从不同角度了解学生的特长，并相应地采取适合其特点的有效方法，创造最优化的学习动力，扬长避短，使其特长得到充分发挥。明确了这一点，英语教师就能够重视差异，尊重差异，对不同的学生实施有差别的教育，帮助学生通过他们的智能长项来学习。正如一位实施多元智能理论的美国教师所说："我更看重孩子们的长项，而不是他们感到困难的地方。"①小学英语教学就要建立在了解每一个学生的智能特点的基础上的，即教师应在了解每一个学生的背景、兴趣爱好、学习强项的基础上，确定最有利于每一个学生学习的教学方法和策略，进而做到因材施教。在教学中要使用新奇的、引人入胜的方式；建立学生个人档案，由于每个学生的成长和发展经历都是不同的，学习档案就体现出个性化的评价，师生就可以据此就关于学生个人成长的问题进行沟通与交流，提供个性化的指导。

现在对学生智能状况的评估尚无科学可行的方法，特别是对学生智能发展的规律，都还没有突破性的进展，在这种情况下开发学生的多元潜能，最忌讳主观臆断。以往经常发生的情形是，教师由于一些狭隘的教学经验对学生持一种偏见，这些经验可能来源于一些表面的现象，比如上课不认真听讲的学生、做小动作的学生、扰乱课堂秩序的学生等等。很多老师都记住了加德纳的一个判断：在学生不良行为中，往往折射出该生的智能强项。那么，要为每个学生的智能强项创造脱颖而出的条件，目前的条件下最好的理念就是"机会就是教育"。如学校可以成为"多彩光谱"乐园，从教育环境和教学策略几个方面丰富学校的教育资源，使各类学生受到"多彩光谱"的熏陶，得以自然而自主地发展。小学英语教师把学生视为有更多能力的人，而学生也可以以各种机会去知晓自己的能力，自信得以生长，凭

① [美] 琳达·坎贝尔，布鲁斯·坎贝尔著，刘竑波、张敏译．多元智能与学生成就：六所学校的成功案例[M]．北京：教育科学出版社，2003：12.

借这种自信，又可以激励学生在其他领域发展自己，最终达到个人全面的改进和发展。

第二节 基于多元智能开发的教学观重建

新的学生观必然伴随着新的教学观。学生的潜能开发和创造性解决问题能力被多元智能理论作为教学的重要目标。加德纳认为，“智能是解决问题或制造产品的能力，这些能力对于特定的文化和社会环境是很有价值的。”[①]也就是说，智能是和一定的文化环境背景下人们的价值观念相关的，他认为文化的差异和环境的不同决定了人们对智能的看法的不同，这种不同既包括对智能含义的理解差异，也表现为对智能表现形式的不同要求。例如在过去的几十年里，语言的使用、良好的记忆力、数学运算能力等被人们认为是最重要的学习能力，但随着信息社会、知识经济时代的到来，人们更倾向于解决实际问题的能力、良好的人际交往能力或是其他能力，教学观就发生了明显变化。

同时，智能分布的特性也打破了学科地位不平等的局面，学科之间相辅相成。加德纳指出：“智能分布于其他有关的人、工具、技术和符号系统之中，是战略性的决策。”[②]“一个人所真正拥有的经验和技能，均来自分布着的智能的环境。只不过随着时间的进程渐渐内化为或自动化为个人的经验和技能。”[③]智能的这种特性在现代社会越来越明显，这就是现在强调人际关系和合作学习的原因所在。智能的分布特性说明了人与周围环境的密切关系，同时也为智能的情景性做出了理论的铺垫。这就要求我们的

① [美]霍华德·加德纳著，沈致隆译．多元智能[M]．北京：新华出版社，1999:8.

② [美]霍华德·加德纳著，沈致隆译．多元智能[M]．北京：新华出版社，1999:232.

③ Gardner, H.Multiple Intelligences: The Theory in Practice[M].New York: Basic Books, 1993:224.

教学更重视学生的“学”的意义，强调教学与评价的社会化、情景化和多元化。

虽然由于小学英语课程考试目前在大部分地区实行了统一考察，使老师过分地强调学科知识的系统性，注重单纯的语言知识结构的考查，重结果，重成绩。但新的教学观指导下也可以尽量做到教学与评价的情景化和多元化，注重形成性评价，着力研究如何考查学生能力的问题。

“面向全体学生”，就是“面向全体有差异的学生，甚至是学习成绩差异很大的学生。”[①]如何对待学生差异的问题，便是能否实现面向全体学生要求的关键。多元智能关注的问题是“你的智能类型是什么?”学生的智能无高低之分，所以教学与评价一个学生应该从多元的角度，发现学生的智能所长，通过适当的教育促进各种智能间的协调发展，达到提高学生整体素质的目的。

“在多元智能的教室里，评价和教学是真正的伙伴关系。”[②]“与传统的评价方式不同，学生不是坐在自己的座位上填一些自己头脑里早已滚瓜烂熟的答案，而是通过多种方式来寻求问题的答案。他们时而独立思考，时而与他人合作，时而运用信息技术。总之，在教室里他们就如同在现实生活中的办公室、工厂以及实验室里一样学习。”[③]

新的教学观要求教师通过尽可能丰富的教学方法，开启学生的多种智能，以达成有效乃至高效的教学目的。”[④]多元智能理论为小学英语教师提供了一种方法，教师要不断反思他们最好的教学方法以及理解为什么要使用这些方法，或者是反思他们的工作为什么对有些学生十分有效，而对另外的一些学生却没有效果。“通过多元智能而教”为小学英语教学改革提供

---

① 郭福昌、王长沛．多元智能在中国[C]．北京：首都师范大学出版社，2004：21.

② [美] J．贝兰卡，C．查普曼，E．斯沃茨著，夏惠贤等译．多元智能与多元评价：运用评价促进学生发展[M]．北京：中国轻工业出版社，2004：21.

③ Campbell，L. Campbell，B. & Dickinson，D.Teaching and Learning through Multiple Intelligences [M].Boston: Allyn & Bacon，1996: 301-309.

④ 刘竑波．多元智能与教师[M]．上海：上海教育出版社，2005：298.

了切实可行的实践方法，因为多元智能对教学方案的设计和教学内容的实施的确有着很积极的作用，给了教师一种“从学生智能出发考虑教学”的思路，并提供了多种教学途径，能帮助教师达到更好的教学效果。[①]只要教师们不断地改变学生的智能活动重点，就能发现一个学生在学习当中智能发展最活跃的时间段，而教师可以据此设计相应的教学活动来激发学生的各种智能，让他们在自己的优势智能方面获得成功的体验。

第三节　基于多元智能开发的课程观重建

加德纳认为，智能的表现是多样化的，它既包括以语言智能和数学逻辑智能为中心的所谓“学术性智能”，也包括音乐智能、空间智能、身体运动智能、人际关系智能、自我认识智能和自然观察者智能。因为“当你一旦离开学校，是否仍然能有良好的表现，往往在很大程度上取决于你是否拥有和能否运用除此（语言和数学逻辑）之外的一些智能。”[②]加德纳对于智能内容的横向拓展为我们的课程观重建提供了新的视角。课程模式多元化、课程设计个性化、课程实施情景化能够为学生提供多种机会，以适合自己智能特点的方式学习。

小学英语的课程模式，要打破只注重发展学生语言智能的思想，要将英语课程围绕着多种智能展开，以便于拥有不同智能特点的学生，在教师设计的不同智能活动中以最适合自己的学习方式，达到对某一特定内容与知识的掌握和熟练运用的理由。我们相信每个人用不同的方式学习，而传统教学方法不能适应每一个学生。现在我们尊重学生在能力方面存在的

① 刘竑波．多元智能与教师[M]．上海：上海教育出版社，2005：298.

② [美]霍华德·加德纳著，沈致隆译．多元智能[M]．北京：新华出版社，1999：9.

差异。”[①]在目前的情况下，促进每个学生的发展，主要的、也是可行的课程设计是什么呢？那就是个性化，充分开发能使用到各项智能的课程设计，去创造适合每一个学生的教育，使每个学生都能得到最好的发展。

小学英语课程实施的情景化，不仅体现在课程目标的制定，课程计划的实施，课程活动的设计，也包括教学过程相一致的情景化评价，在评价的主体、内容、方式等方面，强调多元性。评价主体有教师、学生、家长等多方面；评价的内容涉及对学生知识技能、发现和解决问题能力、交流和合作的能力等多方面的记录和考察；评价方式包括应用档案袋、作品集、学习过程记录册等多种方法。运用多元智能理论，英语教师对学生的评价应该发生相应的变化：建立关注学生多元智能的评价观；建立多元化、个性化、情景化的评价内容与评价方式。这种教学评价方式能帮助学生发现、培养自己的智能优势。这样具有不同智能特点的学生都能得到平等参与竞争的机会，学生的情感态度、兴趣和自信等非智力因素才会得以调动。

① [美] 琳达·坎贝尔，布鲁斯·坎贝尔著，刘竑波、张敏译. 多元智能与学生成就：六所学校的成功案例[M]. 北京：教育科学出版社，2003：12.

第四章　基于多元智能开发的小学英语语言技能的教学策略

教学策略是指教师为实现教学目标或意图（指难以明确和无须明确的目标）所采用的一系列问题解决行为。[①]它包括教学前的准备策略，教学中的实施策略，教学后的评价策略。它既包含解决某一实际问题的教学理论，又包含解决某一实际问题带有规律性的教学方法。课堂教学策略依据教学的一般规律和学生年龄特征，对课堂教学的程序以及方法进行指向性调节和控制操作，以逐步实现创新教育目标的教学活动方式，其落脚点是培养学生创新精神和实践能力。[②]

根据近几年来的研究成果，教学策略是指建立在一定理论基础上，为实现某种教学目的而制定的教学实施总体方案。包括合理选择和组织各种教学内容、材料，确定师生行为程序等内容。在现代教育意义下的教学策略，指在一定教学观指导下，教师根据一定的情境，合理处理教学各因素关系而采取的工作方式。作为一种教学策略，它提供给人们的是一种在一定理论框架指导下的思维方式和行为准则。教育实践工作者通过掌握科学合理的教学策略，结合教育教学实际进行生动丰富的创造，这是现代教学策略的生命力所在。

目前世界上还未形成一个大家公认的教学策略的分类体系，加涅把教

① 施良方，崔允漷．教学理论：课堂教学的原理、策略与研究[M]．上海：华东师范大学出版社，1999：前言P2.

② 魏礼飞．创新教育课堂教学策略研究[J]．教育理论与实践，2001（1）：33-36.

学策略分为管理策略和指导策略两大类，我国的张大均以教学过程的环节和学生的特点为指标，把教学策略分为教学准备策略、教学实施策略、因材施教策略和教学监控策略。[①]李康则以构成教学活动的要素为标准，把教学策略分为方法型、内容型、方式型和任务型四种。[②]但在现代教学策略的构建上，形成了以下几点共识：

现代教学策略的构建，追求的目标是：改变课程实施中存在的过于强调接受学习、死记硬背、机械操练的问题，提倡学生主动参与、乐于探究、勤于动手，培养学生搜集和处理信息的能力、获取新知识的能力、分析和解决问题的能力以及交流和合作的能力。

构建教学策略应遵循的思路是：在实践活动的基础上通过交往促进学生发展。教学过程是社会性的交往过程，学生通过个体与群体的交往，从他人身上审视自我，以自我为尺度评判他人，从而形成比较符合实际情况的自我评价、自我体验和自我调控的能力，不仅要掌握知识及相应的思想方法，形成有效的学习策略，而且要培养学生独立获取知识的能力，创造性运用知识的能力，独立解决问题的能力。现代教学策略实施的最核心的问题是：学生学习方法的转变。

认识和了解教学策略的特征，可以帮助我们加深对课堂教学策略的把握，有利于对教学策略的制定和运用，更好地开展教学活动。教学策略的特征主要有以下几个方面：[③]

● 概括性：教学策略是对教学活动的理论或实践的浓缩和提炼的结果，教学活动是丰富多彩的，而教学策略却表现了不同层次的教学活动的进程和操作框架以及一定的理论成分，抽取了多种教学过程中的共同特点，因此具有一定的概括性。

---

① 张大均主编.教学心理学[M].重庆：西南师范大学出版社，1997：140-155.

② 丁安廉，和学新主编.主体性教育的教学策略探索[M].天津：天津社会科学院出版社，2000：23.

③ 丁安廉，和学新主编.主体性教育的教学策略探索[M].天津：天津社会科学院出版社，2000：18-21.

- 指向性：教学策略的产生就是为了解决现实的教学问题，掌握特定的教学内容，达到预定的教学目标，收到预期的教学效果。不存在无目标无内容无方向的教学策略，所以教学策略具有指向性。

- 操作性：任何教学策略都是针对教学目标的每一具体要求而制定的，具有与之相对应的方法、技术和实施程序，它要转化为教师与学生的具体行动，这就要求教学策略必须是可操作的。它有着明确具体的内容和实施方式、步骤，是教学活动具体展开的基本依据。

- 整体综合性：教学策略包括教学活动的元认知过程、教学活动的调控过程和教学方法的执行过程。这三个过程是密切联系的整体，它们之间必须协调一致，综合设计和运用，教师必须根据这些联系有组织、有意识地安排教学活动的整体进程，这样教学策略才能取得实效。

- 调控性：由于教学活动元认知过程的参与，教学策略具有调控的特性。它既是一种对教学形式与方法的相对有序和有机的构造，又是一个有目的审视，调节和不断控制的执行活动。

- 灵活性：不存在一个包揽一切的大而全的教学策略，同一策略可以解决不同的问题，不同的策略也可以解决相同的问题。因此运用教学策略时应依据实际情况灵活掌握，设计出多种风格的教学策略，发挥出教学策略的最佳作用。

- 层次性：教学具有不同的层次，不同的教学层次就有不同的达到教学目的的手段和方法，也就有不同的教学策略。认识教学策略的层次性，有助于我们正确选择和运用它们，恰当发挥它们的价值。

多元智能开启了一扇教学方法之门，它认为无固定的教学方法将会对所有学生发挥最佳作用，所有的孩子在八个智能方面都有不同的表现，因此，任何一种教学活动可能对某一组学生起到较为成功的作用，而用在其他组身上，成功性则较低。比如在课堂中使用TPR（Total Physical Response，即全身反应教学法）时，教师会发现身体—动觉较强的学生对此反应热烈。同样，在教学中使用歌谣、节奏或唱歌这些形式时对那些音乐智能强的学生起作用，而对其他类型的可能并不那么有效。教师在指导和协助学生学习的过程中，应注意不同的智能活动的各自作用，使用多种多样的指导手段，提高课堂教学活动的实际效果。

Linda Campbell 等人通过多元智能教学实践，提出了基于多元智能开发的教学策略的基本结构，大致分为以下八个维度：①

· 旨在形成语言智能的教学策略。包括通过倾听来学习：有效倾听的要点，听故事和大声朗读，倾听诗歌，教师给学生讲故事，听讲。说：学生给同学讲故事，课堂讨论，记忆，报告，访谈。读：收集资料，教室里的文字，跨课程阅读，为理解而阅读。写：写作的分类，跨课程写作，可供选择的各内容领域的写作任务，启动写作，实际写作，写作小组。

· 旨在形成数学逻辑智能的教学策略。包括教授逻辑：科学实证法，跨课程的科学思考。演绎逻辑：三段论，韦恩图。归纳逻辑：类推。促进思考和学习：中介学习，提问策略。数学思维过程：模式，图解。数字运算：平均数和百分比，测量，运算，概率，几何。跨课程的应用题等。

· 旨在形成身体运动智能的教学策略。包括戏剧，创造性运动，舞蹈，操作物，教室游戏，体育，课间活动，实地旅游等。

· 旨在形成空间智能的教学策略。包括图形表现方式，视觉记录和头脑风暴工具，视觉化，学习材料的视觉多样性，棋类和卡片游戏，建筑，视觉艺术等。

· 旨在形成音乐智能的教学策略。包括倾听音乐，塑造技巧的音乐，唱前热身，音符，创编课程歌曲，用音乐启动创造性，在课堂中制造乐器等。

· 旨在形成人际关系智能的教学策略。包括合作学习，冲突处理，通过服务学习，体验差异，发展多元视角，地方和全球问题解决，多元文化教育等。

· 旨在形成自我认识智能的教学策略。包括学会自爱，设定并实现目标，思维技能，情绪智力的教育，日记写作，通过他人逐渐了解自己，思考生命的奇迹与目的自我指导学习等。

---

① [美] 琳达·坎贝尔，布鲁斯·坎贝尔，迪金森著，霍力岩、沙莉等译多元智力教与学的策略[M]. 北京：中国轻工业出版社，2004：44-284.

· 旨在形成自然观察智能的教学策略：包括自然观察的课程主题，提高观察能力，察觉关系，假设与实验，自然观察学习中心，自然地学习等。

小学英语教师可以从以往的教学活动中挑选出许多教学策略，采用多种方式来实现这一理论，要有意识地针对各项智能提出问题设计活动，从而使自己的课堂里尽可能多地包含体现多元智能、促进多元智能发展的活动。以下是一些可供借鉴的以多元智能为思考主线的关于听、说、读、写四项语言技能的英语课堂教学策略。

第一节　多元智能理论指导下的听的教学策略

听是一种非常有效的学习工具，是所有其他语言能力发展的基础。通过听，学生可以学习概念、扩充词汇、理解语言结构，所以听的教学在小学英语教学中占有很重要的地位。

在多元智能理论指导下的听的教学策略有助于促进学生语言能力的培养与提高，有利于学生智能的开发和培养。在进行听力教学设计时，教师应有意识地设计一些能调动学生的多元智能参与听力学习的教学活动，也有意识地在教学活动中培养学生的多元智能。例如：听音会意，教师边画简笔画边说，学生边听边领会听到的音所代表的意，使空间智能较发达的学生得到发展；听音说唱，帮助学生辨认歌曲、歌谣中的韵律，使音乐智能得到培养；听音表演，使用图片、身体语言帮助学生听懂简单的对话或小故事，鼓励他们将听懂的内容表演出来，使他们的身体运动智能得到充分的调动和运用，等等。[①]

1. 语言智能与听的教学。“听”是语言智能非常重要的一个组成部分，是个体获得语言素材的重要渠道之一。所以，以语言智能为指导的小学英语课堂中，教师应该有意识地培养学生学会倾听。要学生学会倾听，不仅

① 王电建 赖红玲.小学英语教学法[M].北京：北京大学出版社，2002：104-108.

指能够听清楚别人的话，还包括要能够听懂别人的意思，能够领会和理解话语中的含义。根据小学生的年龄特征和小学英语教学的任务和课型，教师应采用不同的训练方式，且每种训练形式不宜太长，尽可能培养学生向纵深发展，如听音会意、听音跟读、听音画图连线、听音指图涂色、听音标号、听音表演、听音说唱、听音默写、听故事等等。如教学PEP Primary English Meet my family这个话题时，在导入时，设计一个听音完成填空：Hello, my name is Jacky. I'm from the USA. I have a happy family. This is my father. He is a _______, he is strong. He likes playing football. My mother is tall. She likes _______. I have a sister. She is ______ years old. She likes singing. 听完整的文本前提出三个问题，帮助学生更好地完成任务：What is Jacky's father? What does Jacky's mother like? How old is Jacky's sister?

2. 数学逻辑智能与听的教学。促进数学逻辑智能发展的小学英语听的教学要素是逻辑思维、问题解决、归纳和演绎推理，其中最核心的是发现问题和解决问题的能力。其目标是将数理逻辑思维整合到小学英语学科中，从而提高学生分析问题和解决问题的能力。剑桥国际少儿英语第二册Unit 11 有篇听力文本：

TREVOR：Monty, would you like a burger or a sausage?

MONTY：I'd like a sausage, please, Trevor.

MASKMAN: Can I have a sausage and a burger, please?

MARIE: One moment, please, Maskman. It's not your turn.

MONTY: Er, here you are, Maskman. Would you like some fries too?

MASKMAN: Yes, I'd love some. Lots, please, Monty.

TREVOR: Marie, what would you like to drink?

MARIE: I'd like some fruit juice, please, Trevor.

MASKMAN: Can I have some lemonade, please?

TREVOR: Maskman, please would you like to wait a moment. It's not your turn.

MASKMAN: Oh, sorry.

MONTY: Would you like some fries too, Trevor? … Please.

TREVOR: Er… Well… OK, Monty. Fries aren't my favourite food, but… for you.

可设计如下活动(表4.1):听音打勾,What would they like at Simon's birthday party?

表4.1 听文本打勾表

Monty							
Marie							
Maskman							
Trevor							

然后二次听音并辩论 Who would like some fries? What would Marie like to drink? Would Trevor like some fries? 通过这些有思维含量的问题,让学生由被动的知识接受者转变为主动的学习者,给他们思考的机会和时间,在讨论、交流、辩论中提高他们分析解决问题的能力。

3. 空间智能与听的教学。促进空间智能发展的小学英语听的教学策略的要素是认识、设计、大脑想象,空间推理,使用图像及内容图像的复制等。其目标是通过电视、幻灯片、图表、图解符号、表意文字等视觉材料帮助学生进行学习,从而满足和拓展学生的视觉——空间感受,调动学生的空间智能,使他们在学习英语时无论在头脑中还是在外在行为方面都能做出很好的反应。促进空间智能发展的小学英语听的教学策略大致有以下几点:将学习材料视觉化、添加色彩记号、画出听力学习内容、发展视觉记忆术、运用多种多样的视觉材料等。比如在学习数字、颜色、玩具、方位等内容时，可以通过听音连线、涂色等方式来设计教学活动(图4.1)。

图4.1 听音连线及涂色图

4. 音乐智能与听的教学

促进音乐智能发展的小学英语听的教学策略的要素是理解、欣赏、表现音乐节奏和旋律，开发记忆潜能，达成对学习内容的整体把握。比如在学习职业这个话题时，教学单词doctor, nurse以及它们的复数形式的发音是个教学难点，这就可以把这些词汇融入句子篇章中，辅以说唱的形式，让学生反复听唱，来强化学生的理解、记忆和掌握。听力的说唱文本可以设计如下，不仅涉及职业话题的主要交流句型，而且反复出现doctor, nurse以及它们的复数形式，让学生印象深刻，突破了教学重难点。

What's your father? What's your father? He's a doctor. He's a doctor.

What's your mother? What's your mother? She's a nurse. She's nurse.

He's a doctor. She's a nurse. She's a nurse. He's a doctor.

Doctors, doctors, nurses, nurses. All in white, all work hard!

5. 身体运动智能与听的教学

促进身体运动智能发展的小学英语听的教学策略的要素是通过边听

边“做”和多元感官体验来学习。其目标是通过课堂中的身体活动来集中学生的注意力，并通过身体的神经肌肉对学习进行编码来帮助学生记忆。比如教室游戏这个教学策略，能使学生进入富有想象力和挑战性的情境中，这增加了实用知识、做出决策和人际交流技能的发展。当通过游戏学习时，大多数学生充满好奇地、热切地探究他们的学习。游戏可以采取许多不同的形式来进行，可以是精致的技术模拟或者是简单的“西蒙说”。在小学英语教学中，特别适用的应该是全身反应(TPR)游戏和能在教室里进行的参与者较多的游戏。如学习了PEP Primary English第三册房间物品这个话题后，对房间物品的音、形、意的掌握和运用是学习重点和难点，教师可组织学生在教室或者更大一点的场地上围成圈，教师配上动作和手势先示范一遍与所学话题有关的歌谣，然后学生边听边跟读并配上动作，每次可替换单词进行练习：

This is the house. （两手臂交叉于头顶，手掌相合，作屋顶状）

This is the door. （用双手自左右分别划出类似于门的方框状）

These are walls. （双手自胸前平摊打开，意在指明四周墙壁）

This is the floor. （手指指地）

This is the kitchen.（作炒菜状）

What's at table? （作蒙眼状）

Oh, help! There is a bear! （说完中间的一人去抓围着念歌谣的同学们，谁被抓住了就到中间去，循环往复）

6. 人际关系智能与听的教学

现在很多学生无法与照看他们的成人之间建立密切而牢固的人际关系，所以他们在班级读书时，带着未被满足的人际交往需要。当我们关注的焦点集中于获得竞争性的、个人化的目标时，学生们就是彼此孤立的。但是，新近的很多研究表明，当学生具有归属感，并且当班级课堂发挥着关怀性的功能时，学生的学习就会变得更高效、更有趣。那么在人际关系智能指导下的听的教学策略的要素就是在学生参与英语课堂学习，尤其是完成相关听力任务时，可以通过合作、运用英语进行交往等方式，提高能力，通过培养学生与人分享、交流、沟通、反思等能力，来创设英语课堂积极的人际交往环境，促进学生的英语学习。比如在学习剑桥国际少儿英语第三册 Unit 7 World of animals 这个主题时，有篇关于 animal habitats 的听力文本：

Tomato frogs are bright red. They are red because other animals don't like eating animals of this colour. These frogs live in trees in the jungle and eat small animals.

Ring-tailed lemurs live in mountains and forests. Their long tails help them climb trees and move in the forest. They need to climb trees because they eat fruit and leaves.

Nile crocodiles live in lots of countries in Africa. Sometimes they live in caves. They are brown, the same colour as the ground and the dirty water. Their colour helps them to hide and catch other animals and fish to eat.

这篇听力文本较长，而且信息量比较大，理解起来有一定难度，这个时候采用对子合作或小组合作的方式，就能降低孩子学习时的焦虑感，在相互交流沟通中比较好地提高听力能力，促进语言学习。首先看这三个动物的图片猜测：Which animal lives in caves/ the jungle/ the mountains. 对听力中的主要动物有一个整体感知。然后先示范 tomato frogs 的听力文本，了解 tomato frogs 的外表描述，拥有这样外表的原因，栖息地及食物。示范之后学生选择性地听另外两个野生动物的录音并在小组内讨论交流相关信息，通过信息差获取听力文本的完整信息，完成表格填空(表 4.2)，反馈校对，最后就水到渠成地理解了这篇听力文本，很好地突破了教学重难点。

表4.2 三种野生动物的相关信息表

Animal	Description	Why	Habitat	Food
tomato frog	bright red	Because other animals don't like eating red animals.	in trees in the jungle	small animals
Ring-tailed lemurs				
Nile crocodiles				

7. 自我认识智能与听的教学

自我认识智能指导下的小学英语听的教学,要充分利用小学生的想象力,让他们在听的过程中,将听力内容与自身原有的知识、感受、体会相融合,也可通过听前的提问,引导学生进行自我反思,达成听的教学目的。比如说在学习关于交通安全的话题时,组织学生听四段听力材料,并进行判断。

Boy: Here. Catch the ball. GIRL: Whoops! MAN: Be careful! You mustn't play with your ball near a busy road. It's very dangerous. GIRL: Yes, you're right. I'm very sorry. Come on, Let's go and play in the park. Boy: Yes, that's a better idea. It's safer there. 听音判断:You can play near busy roads.

TOM: Oooh! BOY 2: Tom! Be careful. You mustn't stand between cars to cross the road. The drivers can't see you. TOM: Oh, yes, you're right. I didn't think. BOY 2: Don't worry. Look, there's a zebra crossing over there. We can cross the road safely there. TOM: OK. That's a good idea. 听音判断:You can cross the road between cars.

GRACE: Be careful, Jim. You can't cross now. JIM: Why not, Grace? It's a zebra crossing. It's safe. GRACE: It's a zebra crossing, but it isn't safe at the moment. Can you see the traffic light? You can't cross when the man's red. You must always wait for the green man. JIM: OK. But there isn't always a traffic light. GRACE: No, you're right. That's why you must always remember to stop, look and listen before you cross the road. JIM: Yes. 听音判断: You must stop, look and listen before you cross the road.

JANE: Hi, Lily. LILY: Hi, Jane. Are you ready for school? JANE: Yes, I'm just getting on my bike. LILY: Where's your helmet? JANE: Oops! It's inside … with my bright green jacket. Can you wait one moment? I need to get it. LILY: Yes, you do. You must always wear a helmet when you ride your bike. 听音判断:You must wear a helmet when you ride a bike.

因为话题非常契合日常生活,学生在听的过程中,会自然而然联系自身的生活实际去体验听力文本,通过思考进行内在情感的调节,加深对文本的理解并做出正确判断,提高英语能力,有些孩子还会在听力结束后,进行自我反思:Remember to put on a helmet when we ride a bike or a motorbike. Don't stand between cars when you cross the road, because sometimes drivers can't see you. Don't play next to roads or streets. When there is a zebra crossing use it to cross the road. Remember to stop, look and listen before you cross the road.

8. 自然观察智能与听的教学

促进自然观察智能发展的小学英语课堂听的策略的要素是感知能力、积极观察、比较材料、特征归类、反思质疑、体验等。其目标是通过发展学生积极探索、观察、辨别、接触和关注事物的能力,并进行相应的分类或归类,使他们观察反思、建立联系、感知交流的思维技能得以提升,从而促进英语学习。促进自然观察智能发展的小学英语听的教学策略大致有以下几点:提高学生观察能力、分辨事物相互关系的能力等。下面以剑桥国际少儿英语第二册 Unit12 的 Maps 这课为例说明(图4.2)。在听音之前,教师先教会学生如何区分 column (列)和 row (排)以及组合而成的 grid(格),了解 D1, A1, B4, E5 等分别是哪块区域,然后听音并回答如下问题:Look at

D1. What can you see? Look at A1. What can you see? Look at B4. What can you see? Look at E5. What can you see? Look at B1. What can you see? Look at D5. What can you see? 学生通过听音感知地图、观察、辨别、比较等的共同作用下,能力得到提升。

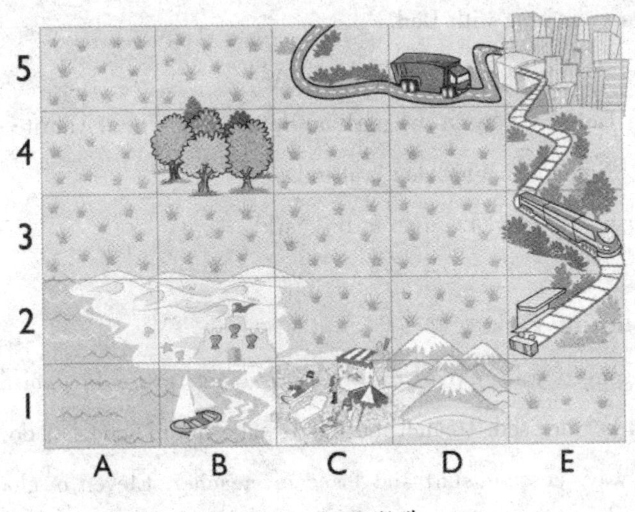

图 4.2 Maps 教学

在基于多元智能开发的小学英语教学中,教师在设计培养学生听的能力的教学方法时,首先应该在了解不同学生智能发展差异的基础上,采取能够促进学生不同智能发展的各种各样的教学方法,设计有针对性的教学活动,尽可能地提高学生的语言、数学逻辑、身体运动、音乐、人际交往等各项智能。只有这样,把多元智能理论随时引入课堂教学,针对小学生的心理和生理特点采取丰富多彩的教学方法,才可能最大限度地培养学生各方面的能力。

下面以剑桥国际少儿英语第三册 Unit 3 A day in the life 为例具体阐述一节以听为主要训练技能的多元智能指导下的课例。

听力文本如下:

LENNY: How often do you play in the park Simon? Do you play every day?

SIMON: Well … No, I never play in the park on Mondays.

LENNY: Yes, we always have lots of homework on Mondays.

SIMON: I sometimes play in the park after school on Wednesdays but I sometimes go swimming with Dad.

LENNY: And what about at the weekend?

SIMON: I always play in the park on Sundays, it´s my favourite day.

LENNY: Simon … What day is it today?

SIMON: It´s Sunday! Let´s go to the park!

Pre-listening task 听前任务

Sing a song: I wake up in the morning. I get up for breakfast. I have a shower and I get dressed. I catch the bus to take me to school. I do my homework on my way. Lessons start and I see my teacher. Eleven o'clock and we are out to play. I wash my hands before I have my dinner. I get dressed and I go to bed.

Review time and routines by asking questions around the class: What time do you get up? Do you have a shower every day? Do you have breakfast after your shower every day? …

Pre-teach vocabulary 提前教学相关词汇

Use the school timetable to introduce the days of the week. Say each day. Pupils repeat.

Show a schedule of the class, ask and answer: What time do you have English class on Thursdays/ Mondays/...?

Ask and answer: What day is it today?

Say the chant of the days of the week.

Students stand up. Play the CD. They join in the chant, clapping or snapping their fingers to the rhythm.

【通过富有节奏和旋律的音乐和歌谣,配合每天日常生活的歌词,帮助学生调节情绪,激发学生想象协助记忆,用音乐激发语言技巧和技能,使学生对话题感兴趣】

First while-listening task 初步感知听力材料

Show the picture of the main scene of the text. Listen, look at the picture and say: What does Simon do?

Direct pupils to the activity instruction. Play the CD. Pupils listen for the day. They whisper it to their partner. Play the CD again. Check with the class.

Second while-listening task 二次感知听力文本

Listen and complete the form about Simon's week. Elicit what Simon does on the different days. (表4.3)

表4.3 小组合作完成听力表格

	Monday	Tuesday	Wednesday	Thursday	Friday	Saturday Sunday

Listen again, choose the right words. Focus students on this activity and give them time to read the sentences before they listen. They predict the answers in pairs. Play the CD again. Students check with their pairs. Check with the class, eliciting a complete sentence for each one.

Elicit some things that pupils always, sometimes and never do. Pay attention to the frequency words and check understanding of the concept with reference to a week.

Simon always/ never plays in the park on Mondays.

Simon always/sometimes does his homework on Mondays.

Simon sometimes/ never goes swimming on Wednesdays.

Simon always/ never plays in the park on Sundays.

Post-listening task 听后任务

Group work. Look and say: Simon's week.

Listen again and repeat after it. Then Look at the form of Simon's week and retell.(表4.4) How often does Simon play in the park?

表4.4 小组合作展示完成任务

Monday	Tuesday	Wednesday	Thursday	Friday	Saturday Sunday
never  always 		sometimes 			always 

【这篇听力文本较长，而且信息量比较大，涉及频度副词，理解起来有一定难度，这个时候在人际关系智能及自然观察智能的指导下，采用对子合作或小组合作的方式，就能降低孩子学习时的焦虑感，在相互交流沟通中比较好地提高听力能力、促进语言学习。在初次听文本时教师提出问题 What does Simon do？帮助学生理解关键思想、核心概念，学生听音并在小组内讨论交流每一天 Simon 做了什么事，通过信息差获取听力文本的完整信息。然后二次感知听力文本，帮助学生深入理解文本，选择合适的频度副词，在组内交流反馈校对，最后就水到渠成地理解了这篇听力文本，通过听音复述，很好地突破了频度副词这个教学重难点】

第二节　多元智能理论指导下的说的教学策略

语言是交际的工具，让学生流利而自信地表达自己的思想是英语教学的目的。小学英语教学中口语的训练主要是训练学生开口的习惯，主要有两种大的训练模式：模仿性的机械练习和交际性的活用练习。所以常用的口语训练方法是：跟读、朗读、背诵、问答、情景会话、交际性会话、口头复述、讲故事、演讲、表演等。

在说的教学策略中同样包含着很多可以运用多元智能理论的因素。例如：让学生用简单的英语会话进行一些包含有合理猜测及逻辑推理的游戏活动，让他们的数学逻辑智能参与到说的活动中。让学生相互交流简单的个人信息，找小伙伴、课堂采访等活动有利于学生在练习会话的同时使用人际交往智能，有效地理解人际交往。让学生看自己的表演录像、听自己的会话录音，帮助他们建立较为准确的自我认知，应用自省智能调整、改良自己在表演、会话中的表现。

1. 语言智能与说的教学

开口说对于语言智能是极为重要的，然而，在小学英语课堂中，学生虽然在开口说话，却很少有机会说自己的话，要么就是朗读课文，要么就是机械地运用课本上的句型、范文回答老师的问题。很少有机会需要学生思考如何用自己的语言来说话。要培养学生用语言进行思维的能力，用语言去表达理解和感受，最重要的一条途径就是让学生开口说自己的话。所以，在英语课堂中，除了模仿性的机械练习外，在交际性的活用练习中，要培养学生在不同情景下，创造性地运用语言，如以模拟、设计一定的情景并扮演不同角色为主的情景会话，以开放性、随机性为主的交际性会话，口头讲述故事、故事接龙、演自己创编的小短剧、英语演讲等等。这样持之以恒地训练，学生才能在发表自己的见解时用自己的语言说话。比如学习了关于“友谊”这一话题后，教师提问：Can you talk about “friendship”? 学生精彩的表达层出不穷：I think friendship is the scarf, because the scarf can make me warm, and friendship can make me warm, too. I think friendship is candy, because candy is sweet, and friendship is sweet, too. I think friendship is the rainbow, because the rainbow is colorful, and friendship is colorful, too……

2. 数学逻辑智能与说的教学

心理学研究表明，疑问最容易引起人的探究反应，思维也就应运而生，“发现问题比解决问题更重要”。因此，教师可以通过提出对学生具有挑战性和吸引力的问题并使学生产生问题意识。探究的问题既可由教师提出，也可由学生提出，教师要逐步培养学生自己发现问题与提出问题的能力，要向学生提出开放性问题，而不是让学生简单地回答“对”或“不对”。比如一堂英语课中，教师让学生谈谈“Be quiet”的话题，有学生说：It means you can't open your mouth. 教师评论：You mean “can't speak”. What else can't you do? 其他学生说:It means you can't talk/speak/sing loudly…教师继续追问:What should open the pencil-box lightly/put up your hands lightly/walk quietly and carefully…? 最后师生达成共识:It means you shouldn't make noise.

3. 空间智能与说的教学

这种策略旨在培养学生的内在视觉,要求学生开启自己的空间想象能力。最容易的方法之一是帮助学生把书本和讲课的材料变成内心的形象。做法是让他们闭上眼睛想象他们学习的东西,让他们的脑子里创造自己的"内心黑板",他们可以在内心黑板上记录任何需要记忆的英语知识。用视觉化的方式呈现学习材料也是很好的视觉空间学习方法,包括看图说话、看图讲英语故事、想象性口头作文等。比如关于Computer的篇章教学,可设计教学活动I think she/he is a/an … because…学生看图说话(图4.3):

图4.3 看图说话配图

学生根据图片,想象并交流,各抒己见:

I think she is a student, because she carries her bag and goes to school.

I think she is a math teacher, because she teaches math.

I think he is a doctor, because he wears white coat.

I think he is an engineer, because he is drawing buildings and bridges.

教师可以很自然地从学生的语言中引出文章相关主要内容:With computers, students learn English on the internet and type their homework, teachers make PPT and prepare for the lessons, doctors talk with patients on the internet and tell them what's wrong with their health, engineers draw pictures of tall buildings and wonderful bridges with less mistakes. 并总结出 With computers, we can do much work in less time 的主题。在这个过程中教师通过图片,帮助学生把文本材料变成内心的生动的形象,学生积极参与,拓展思维,学以致用。

4. 音乐智能与说的教学

无论教学的是音标、单词还是对话,教师可以先把学习材料变成可以说唱的形式,因为童谣和儿歌这种说唱的形式是孩子的亲密伙伴,它们节奏感强,朗朗上口,正合小学生的心理与口味。教师可以把想强调的讲课重点、故事中心思想、主题变成说唱形式,还可以让学生自己编写、概括、总结,综合应用他们所学的知识,这可以帮助学生较为迅速地增进理解与记忆。比如配节奏,编歌谣。根据所教内容的核心,把它变成一种能唱、能敲或能说的有节奏的形式。可以通过运用敲击乐器加以强化。如利用 PEP Primary English 第四册中 Let's find out 中的表格(表 4.5)复习巩固所学的词句,并将表格内完成的内容编成儿歌,进行对歌式的朗诵表演。

表 4.5 关于"天气"话题的调查表

	 (snowman)	 (TV)	 (kite)	 (book)	 (football)	 (computer)
sunny						
windy						
cloudy						
rainy						
snowy						

参考儿歌：

Snowy, snowy. It's snowy. Let's make a snowman all in white.

Sunny, sunny. It's sunny. Let's play football happy and high.

Windy, windy. It's windy. Let's fly a kite up in the sky.

Rainy, rainy. It's rainy. Let's watch TV stay inside.

Cloudy, cloudy. It's cloudy. I can do many things as I like.

5. 身体运动智能与说的教学

身体运动智能是指善于用动作来表达感受的智能，通过身体的移动和表现等多元感官体验来学习。在说的教学中，教师和学生可以自由根据英语课上正在学习的课文或故事创作表演剧本，在语言的基础上添加动作，这是传授信息，也是发展人际交流、自知自省和解决问题的能力的有效策略。首先教师要确定好教学目标，给学生规定要获得的学习效果，设计剧情，学生要有充分的时间来做准备，教师要提醒不参加表演的学生给予支持和建设性的评价，表演结束后教师应让学生讲述他们的体验并进行评价。除了表演课文、故事或自创剧本，还可以通过动手操作的方式促进口语表达，比如在学习颜色时，可以让学生动手试一试把两种或两种以上的颜色混合起来，会产生其他什么颜色；或者采用Origami等折纸的学习方式（图4.4），这样的方式，喜欢动手操作的孩子，就有了展示自己智能的更好的平台，也更愿意表现自己，进行相关口语交流，达到教学目的。

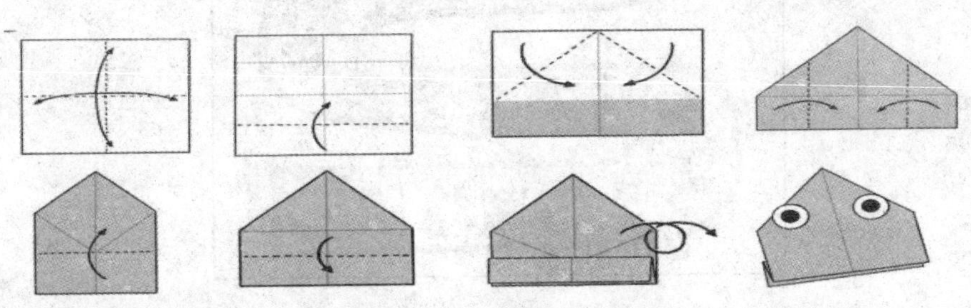

图4.4 Origami折纸

6. 人际关系智能与说的教学

在团体竞争的条件下，成员之间的工作是互相支持的，人际交往和谐。因为有共同的目标，所以成员之间的口语交流也很及时，互相理解、友好相处、单位时间的效率明显提高。英语课堂中促进学生人际交往智能发展的团体游戏非常多，针对不同年龄阶段的学生，可以设计不同的游戏。游戏可结合教学内容在课堂上进行，尤其是低、中年级的学生，教学过程中以游戏的形式进行教学，往往可以收到较好口语交流的效果。如猜谜、转盘、开火车、图板游戏等等。比如图板游戏，一方面，学生们在交谈、讨论游戏规则、掷骰子、说笑。而另一方面，他们在致力于学习目标所要求的技能和主题。首先确定游戏主题，如在进行各类关于动词词汇的学习时，就可以进行图4.5中的游戏。然后把相关的学习信息写在弯道的方格里，或者写在标签板制成的卡片上，还可以写在厚纸板上。答案可以用多种方式提供，可以写在卡片反面，也可以在每个方格里贴上一片能折叠的纸，里面写上答案。

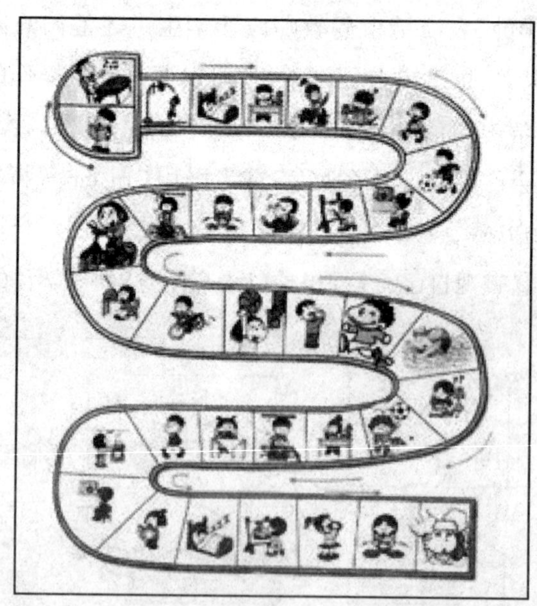

图4.5　有关动词词汇学习的图板游戏卡

7. 自我认识智能与说的教学

人的自我认识出现较晚，几乎要到青春期才会有比较清晰的自我意识。但是小学生也有其独特的意义世界。开放与信息化的现代社会为孩子的成长提供了非常丰富的刺激，使孩子形成的自我世界丰富多彩。所以自我认识智能指导下的小学英语说的教学，要充分利用小学生的想象力，去鼓励他们内在的感受与体验。要让学生感受、体验，需要他们由喧嚣嘈杂的外在世界返回内心，将书本知识与学生的生活世界联系，赋予英语口语表达以个人意义。要让他们在说英语的过程中有与同伴相互间的比较、对自己的反思和评价，比如学了如何恰当地感谢他人后，学生们各抒己见：We say thank you to people when they help us. We can give someone a gift to say thank you. When people help us, we can say thank you and smile at them. When we enjoy a school lesson we can say thank you to our teacher. When we want to say thank you to people, we can give them a flower. To say thank you to someone we can sometimes write them a letter. 学了如何助人为乐之后，学生们会说：If we see old people on a bus or train, we can stand up and give them our seat. If we see little kids with problems, we can try to help them. If we see an older person with a heavy bag, we can carry it for him. When other children want the same thing as us, we can take turns.

8. 自然观察智能与说的教学

学生分辨相互关系的能力基于三个基本的认识过程：区别异同；根据不同标准对物体分类；察觉相互关系。自然观察智能强的学生非常擅长于这些思维过程。在小学英语说的教学中，下列活动可以使学生进入比较、对比、分类以及察觉依赖关系等自然观察的思考过程：指出相似物体间的不同，如英语名词和动词；单词分类；判断与改错练习；辨别遣词造句、句子结构等语法现象的正误；识别词句中的核心成分、篇章中的主题句以及形形色色的修辞手法等。在教师的引导下，学生对以上内容进行全面细致的观察、辨别、分析与思考，并与教师、同伴一起交流分享。比如在教学 maps

主题的内容时，可以先让每个学生自己将相应物品画到适合的位置（图4.6），然后同伴背对背进行口语交流，将对方的物品通过问答的形式正确画到相应位置（图4.7），然后进行口语交际的拓展训练，创设情境让学生说一说动物园游行路线图，将所学运用到实际生活中（图4.8）。这种设计有一定的生活情境，活动存在信息差，能够引导启发学生主动思维，充分调动交流的积极性，达成教学目标。

Draw a car. Colour it yellow. Draw a bookstore. Colour it green. Draw a bus station. Colour it brown. Draw a hospital. Colour it white. Draw a lake. Colour it blue.

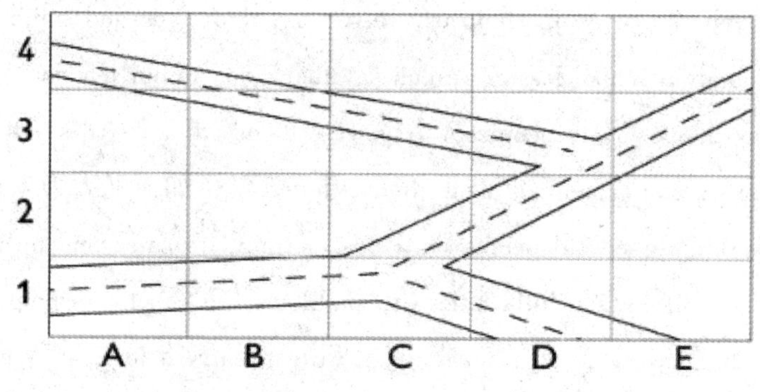

图4.6 学生自己读句子，画画，涂色

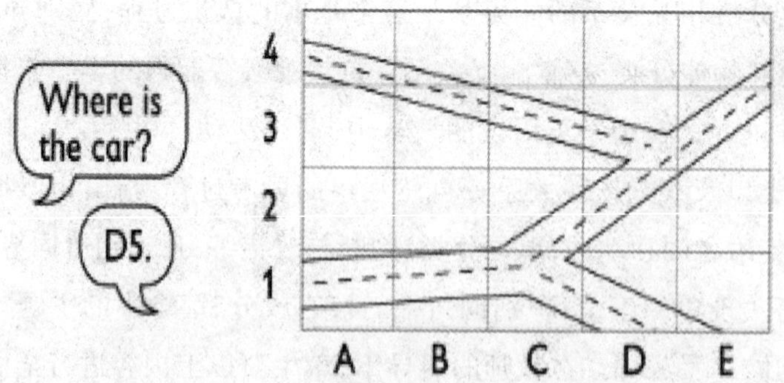

图4.7 同伴问答，背对背画出同伴所画物体的位置

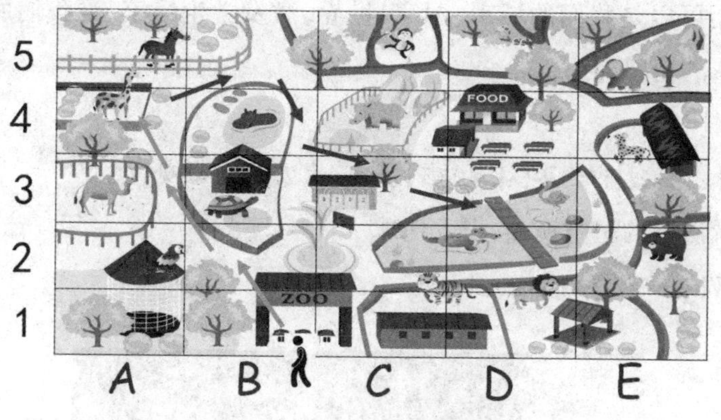

图4.8　动物园游行路线图

附:多元智能理论指导下的以说为主要训练技能的课例

小学英语课无论是哪种课,都涉及听、说、读、写四项语言技能,听、说、读、写技能的训练既是英语教学的目的,也是教学赖以进行的手段。在小学英语课堂教学中,听、说、读、写四个方面的训练相辅相成,互相促进,但并不意味着每节课都要在这四个方面平均用力。下面以PEP Book3 Unit4 My home为例具体阐述一节以说为主要训练技能的多元智能指导下的课例:

组织教学/热身活动:

跟唱歌曲:Big Big World: I´m a big big girl in a big big world. It´s not a big big thing if you leave me. But I do do feel that I too too will. Miss you much, miss you much...

【借助音乐智能,通过音乐帮助学生调节情绪,激发想象以增进对于学习内容的理解,开发记忆潜能,达成对学习内容的整体把握。同时这首歌的歌词能很好地导入学习材料,并且增进学生的理解与记忆。因为这节课的主要情感目标就是让学生能够感受到家的温馨,并感受到一个称之为家

的地方还可以是我们的城市、国家、世界，激发学生爱家、爱我们所居住的这个星球的情感。】

整体感知这个世界(从星球到房间，由宏观到微观)：

观看浩瀚的星空视频，引入地球

T: Where is it? (The earth.)

T: Yes, it's really a big world. Ss learn to say: world.

引入国家：T: Look, where is it now?

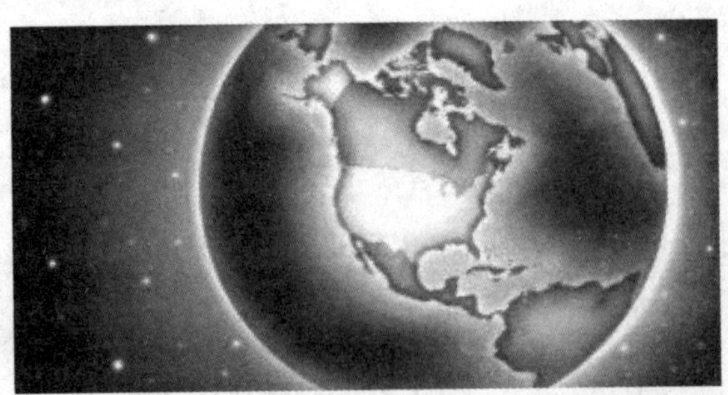

Ss learn to say: country

Ss say something about the country.

The country is ________.

(big, small, clean, beautiful…)

【借助空间智能,通过视频、精美的PPT等视觉材料帮助带领学生由宏观到微观整体感知世界,给予学生丰富和充分的视觉刺激,从而满足和拓展学生的空间感受,使他们在学习英语时无论在头脑中还是在外在行为方面都能做出很好的反应。同时在不知不觉中感知了新授单词world, country, state, city, street, house, room 等,为接下去的教学做好了铺垫。】

T shows some countries in a map of the world.

Ss: China is a country. UK is a country. Canada is a country. USA is a country.

【思维拓展练习,借助数学逻辑智能促进学生语言智能发展:The country is ________. ________ is a country. 在交流的同时很好地理解和掌握了两者之间的逻辑关系。】

引入state, city,Ss say something about the pictures.

Read and choose: Which answer below is in order from smallest to largest?

A. state, city, country

B. city, state, country

C. country, city, state

教师逐级展示PPT,帮助学生理解并选择正确答案。

T shows the PPT of the street, the house and the room. Ss say something about the pictures.

【通过图片、图形和文字等视觉材料帮助学生理解由小到大的概念,将学习材料视觉化,给予学生丰富和充分的视觉刺激,强化理解与记忆,帮助学生有效学习。通过各类媒体呈现给学生语言材料,从world的大概念逐步引导学生认识country, state, city, street, house和room,从宏观的世界引导学生进入到微观的小家。同时,学生识别语言材料的过程即是学生对语言材料的主动理解和分析判断的过程,也就是理解的过程。】

由上面的房间图顺势导入PEP教材内容学习:

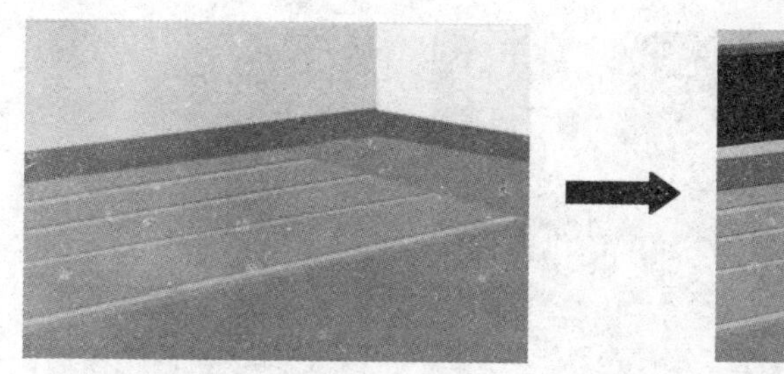

T: What's in the room?

S1: The table is in the room.

S2: The fridge is in the room. It is near the table.

S3: The sofa is in the room. It is on the floor.

S4: The TV is in the room. It is on the wall.

【从对世界的整体感知自然过渡到教材内容的学习。从空空的房间到逐步摆满家具的房间，借助空间智能和自然观察智能，让学生看图说话，对本课的教材重点进行语言的训练。】

Look and say.(练习使用单复数形式表述)

The phone is ______________.

The glasses are ______________.

 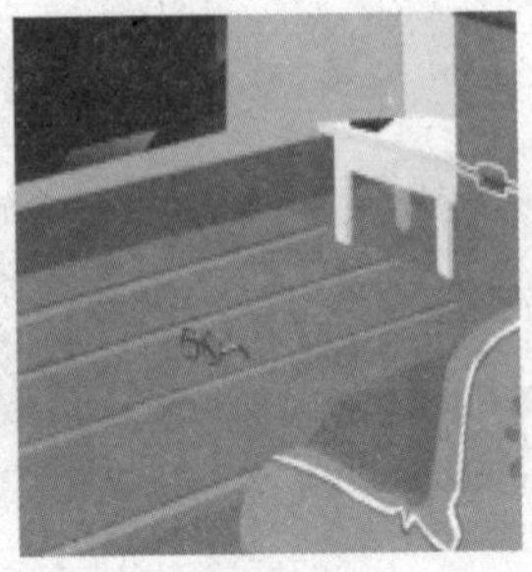 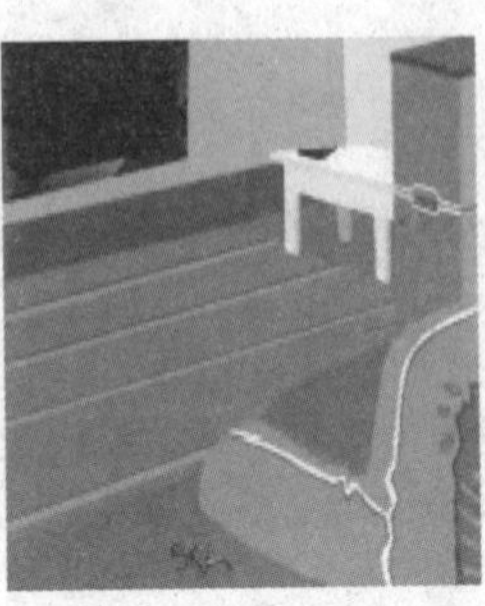

Guess: Where is the bag? Where are the pens?

Ss: The bag is … The pens are ….

【这个环节通过空间智能对教学难点单数和复数的正确表达及方位描述进行了有效突破。先从 The phone is ______. The glasses are ______.进行教师指导下的练习，然后猜谜的游戏则是在轻松愉快的氛围中运用了自我认识智能，学生用自己的语言输出：I guess the bag is ______. The pens are ______.为之后的听力练习和文本复述做足了铺垫，降低了难度，打好了基础。】

Listen and fill in the blanks: This is my living room. My books are ______, and my pens are ______. My bag is ______, and my glasses are ______. Where are my keys? Can you find them?

Read and match.

Let's read the passage.

Let's say. (Retell the passage.)

Ss describe the room according to the picture.

由房间回到地球，由微观到宏观，room，house，street, city, state, country 到 world,在对子和小组活动中看图用句子描述之前的图片。

Group work 任务活动：

以四人小组为活动单位，教师提供包括桌椅文具、房间摆设、城市、地球等相对宏观和微观的图片,学生选择图片进行空间描述的口头练习。

交流展示,评价。

【通过看图说话、听音完成填空、连线、复述等活动设计,对学生口语进行了全方位训练,教材内容得到了很好的处理与运用,有效地促进了学生的语言知识和语言技能。借助空间智能、数学逻辑智能,自然观察者智能、自我认识智能、人际关系智能,无论是让学生学会从宏观到微观的视角观察事物的能力,还是让学生反向从微观到宏观的想象、思考和口语交流,学生们通过这堂课得到了用英语思考空间的思维训练,有效促进语言智能的发展,化无形的思维训练于有形的语言学习中。】

第三节　多元智能理论指导下的读的教学策略

听、说、读、写是互相联系的四项技能。阅读是人们获取信息的重要手段。读的技能的训练在小学英语教学阶段主要以出声的朗读和不出声的默读为主。朗读教学的主要方法是:范读、跟读、情景朗读、集体朗读、小组朗读和个别朗读。默读则主要用于小学高年级的精读课文和泛读课文教学。

在多元智能理论的指导下开展读的教学有利于提高教学的有效性。例如:可以给学生阅读课内或课外的小故事,鼓励学生用卡通、简笔画等形式创作故事内容情节;在阅读材料中挖掘其中包含的数学概念,引导学生观察各种现象中的内在联系、提出开放式的问题供学生讨论,以培养学生的数学逻辑智能。通过让学生读英语诗歌、韵文,让他们感受和体会其中蕴含的声调、节拍、韵律等,培养他们的音乐智能。在英语阅读教学中包含着大量的地域文化信息,结合这些材料让他们了解、尊重文化的多样性,为他们发展良好的人际交往智能奠定基础。

1. 语言智能与读的教学

语言智能指导下的读的教学应该加强对学生阅读的基本技能的训练指导。"以问题促进理解"是语言智能指导下的阅读教学设计应牢牢把握的一条准则。实际上,教学始于提问,并以进一步的提问来推进。提问可以唤起学生注意,检查学生对阅读任务的准备情况,帮助学生对文章进行理解;诊断学生综合运用英语的能力。以外研社出版的剑桥国际少儿英语第四册Unit 5的一篇阅读文章为例:A famous explorer, Sir Ernest Shackleton, wanted to cross Antarctica. In 1914 he started the expedition but ice closed round the ship. They took smaller boats and made a camp on the snow. They lost their ship when it went down under the ice and water. They couldn't move because the weather was terrible. They caught fish and drank water which they got from snow. Later, they had to eat their dogs. Shackleton and some of his men climbed over mountains of ice, found help and went back for the other men. Everybody came home two years after the start of their expedition. They didn't cross Antarctica.

在阅读的过程中,提问如下:Can you tell me something about Antarctica? Are there any people living there? What kind of people sometimes go there? What did Shackleton want to do? When did he start the expedition? Why did they camp on the snow? What was the weather like? How did they get water to drink? What did they eat? Did everybody come home? How long was the expedition? Did they cross Antarctica? Shackleton didn't cross Antarctica, but was he a hero? 根据阅读教学的目标,这些问题有以下几种类型:对背景知识的提问,对字面理解的提问,对文章内涵的提问和开放式的提问。学生通过一系列的问题,提高了认知水平,理解了文章的基本事实,发展了语言智能。

2. 数学逻辑智能与读的教学。

在阅读教学中，要引导学生运用归纳、演绎推理等能力，激发学生思维，帮助学生更好地理解课文，引导学生进行创新思维，进行研究性学习。如剑桥国际少儿英语第四册 Unit 8 有这么篇阅读文本：For a healthy body we need to eat different kinds of food. There are five important groups of food: carbohydrates; dairy products; fats and sugar; protein; fruit and vegetables. Carbohydrates give us energy. What kinds of food are carbohydrates? Dairy products make our bones and teeth strong because they contain calcium. We get calcium from milk and food which comes from milk, like yoghurt. Do you know another food which comes from milk? Fats and sugar also give us energy, but a lot of fat and sugar is not good for our bodies. What kinds of food have sugar? What kinds of food have got fat? Protein is important because it is good for our muscles and it makes them strong. Protein comes from animals of some vegetables, like beans. What other foods do you think give us protein? Fruit and vegetables have a lot of vitamins and minerals. Can you say the names of five different fruits? Can you name three different vegetables? 在开展研究性学习时，先从具体的几样食物归纳出他们分别属于哪种食品营养物：Carbohydrates, Protein, Dairy products, Fats and sugar, Fruit and vegetables. 然后让学生在文本阅读过程中，分五个组别分别研究这五类营养物的名称、来源和功能，举例说明不同的人需要不同的饮食建议，让学生给出建议并解释原因。探究好后各组展示并汇报，提高其演绎推理能力，了解均衡膳食的概念，促进阅读理解。

3. 空间智能与读的教学

教师应该利用人的视觉特点，在英语阅读教学中使用多种视觉材料，给予学生丰富和充分的刺激，通过他们的空间智能促进英语学习。可以为学生提供、同时也让他们自己寻找合适的视觉阅读材料，激发学生对学习内容和学习过程本身产生兴趣，并借此促进和加深学生对学习内容的充分和深入的理解，把文字学习和空间学习尽可能地结合起来，以达到事半功倍的效果。可供教师选择的视觉材料范围很广，包括图片、绘画、摄影、戏剧和影视作品等等。例：绘画符号（将画图、绘画符号与文字综合运用）。教师先在黑板上用简笔画画出对话：

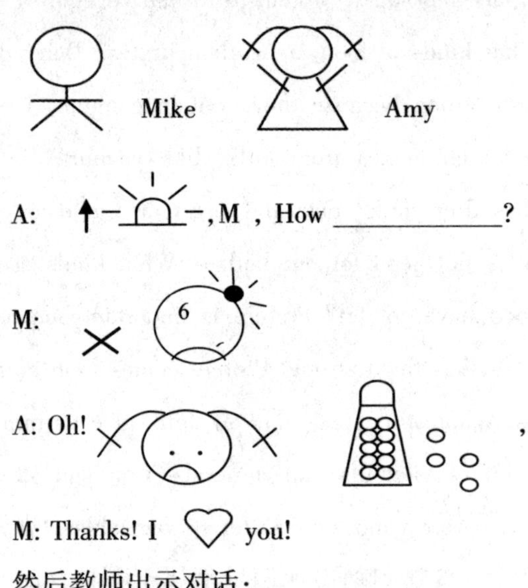

然后教师出示对话：

A: Good morning, Mike. How are you?

M: Not very well. I have a headache.

A: Oh! I'm sorry, take a pill.

M: Thanks! I love you.

逐步擦去对话，最后全部擦完后可以通过集体对话——对子活动——个别随机抽查——同桌练习的形式进行各种活动。

4. 音乐智能与读的教学

在帮助小学生提高他们的阅读技巧时，音乐可以成为很好的服务工具。为某个话题和具体课文寻找适合教材的情感气氛的音乐，如果学生听讲时有合适的背景音乐，可以帮助他们加深对阅读内容的理解、领悟和记忆。同时，学习英语歌曲也是很好的基于音乐智能的阅读教学策略，除了课本上的英语歌曲外，许多流行歌曲的歌词也使用了交流性的语言，重复的词汇和语法结构。这些词常常以较慢的速度进行吟唱，歌词的意思容易理解。这些特质使许多歌曲成为阅读训练的绝佳工具。学生可以欣赏一首歌，与此同时教师向学生提供有关这首歌的故事梗概和主题摘要。然后学生可以进行小组合作来口述歌词并大声地朗读歌词。比如剑桥国际少儿英语第四册Hello there!单元的歌曲，歌词是日常起居，在学唱前，教师可以将歌词分割成几段让学生按日常起居顺序进行排列，学生可以得到很好的阅读训练：

The morning rap, we do it every day. The same routine, now listen and say.

It's seven o'clock. Wake up, wake up! You must get up and have a wash.

Come on, come on, it's time to go. Get dressed, get dressed! Put on your clothes.

Run to the kitchen, sit on a chair. Eat your breakfast, comb your hair.

Clean your teeth. No time to lose. Get your bag, put on your shoes.

Goodbye to Mum, goodbye to Dad. My friends are at school, so I'm not sad.

5. 身体运动智能与读的教学

智能之间相互联系，共同作用。身体运动智能指导下的读的教学策略，其要素就在于把肢体动作学习活动和阅读紧密联系起来，通过各种动作来了解阅读文本，加深理解。比如演一演阅读文本、边阅读边操作演示，形象地帮助学生理解课文。比如剑桥国际少儿英语第四册关于音乐主题的Body percussion。有阅读文本如下：A percussion instrument is a musical instrument that makes a sound when we hit it. We can use different kinds of instruments or other things to make percussion music. The human body is also a great percussion instrument. There are different kinds of dance and music which use parts of the body. 仅仅阅读文本，学生很难理解打击乐器以及拍击人体部位发出的声音。而听一听拍打各种物品及人体部位发出的声音，并实际演示操作(图4.9)，甚至让学生一起模仿着动一动，就轻而易举地通过身体运动智能解决了教学难点。

图4.9 演示人体部位发出的声音

6. 人际关系智能与读的教学

促进人际关系智能发展的小学英语读的教学策略的要素是理解、沟通、合作、交往等。其目标是通过了解同伴的个性、特长和能力，在完成阅读文本时以合适的方式与他们沟通并合作学习，通过同伴所表现出来的满意和赞赏，增强自我有效感和自信心，从而提高英语学习效率。比如在学习国际剑桥少儿英语第四册 Unit 7关于动物骨骼的阅读文本时，就可以进行小组合作，先尝试将文字与图片(图4.10)进行匹配：This animal's got very long, strong wings to help it fly quickly. This animal's got long arms and legs to climb trees in the jungle. This animal's got a very long tail to help it stand up. This animal's got very long neck bones to eat leaves from high trees.

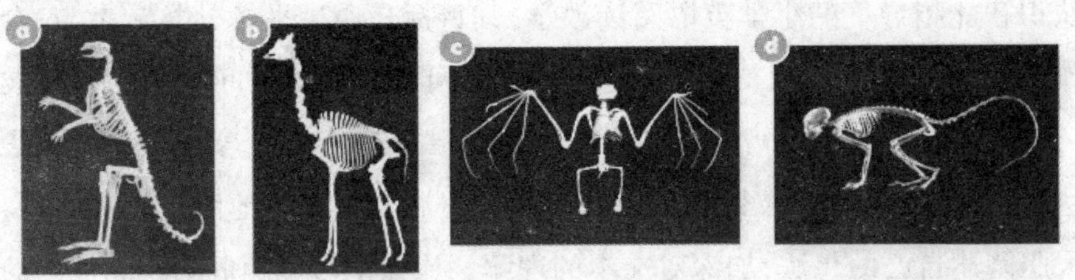

图4.10　动物骨骼图片

再交流探讨不同动物的身体部位有什么功能，并在小组活动中使用表格从动物、身体部位、功能三方面整理信息，培养学生逻辑思维(表4.6)。

表4.6　小组合作完成动物、身体部位、功能任务表

	animal	body parts	function
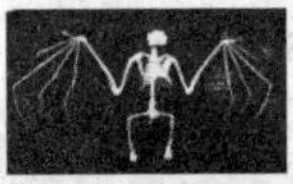	bats	long strong wings	help it fly quickly
	monkey	long arms and legs	help it climb trees
	kangaroo	a long tail	help it stand up
	giraffe	very long neck bones	eat leaves from high trees

7. 自我认识智能与读的教学

在阅读教学中，每个孩子都有自己对阅读文本的个性化体验和感受，而充分运用他们的自我认识智能，则是开启个性阅读的一扇窗户。在自我认识智能指导下的小学英语阅读教学，其目标是通过平等、团结、参与、合作分组、主动学习，获得诸如学会学习、提问、决策、解决问题等的思考技巧。要注意创设一个培养自尊的环境，教师要尊重每一个学生的认知和表达，这样才能示范和鼓舞学生在阅读和学习后能更主动地深入思考问题，大胆阐述自己的想法，加深对文本的理解。比如学习了濒危动物北极熊的文本：Polar bears live in the Arctic. They live on the ice and swim in the sea. They catch and eat other sea animals like seals, fish or small whales. Polar bears have problems because the world is hotter than it was before. Oceans are hotter and the ice cap is smaller so polar bears are losing their habitat. Now it's more difficult for polar bears to fish for food or look after their babies if they haven't got ice to live on. 在教师的指导下，学生提出了一系列问题：What kind of problems do polar bears have? Why are they endangered? Where do polar bears live? What do they eat? Why do they have problems? 经过阅读思考，孩子们理清了主要的疑惑，北极熊为什么濒危了？从文中 the world is hotter than it was before 得出 Habitat loss, the environment has greatly changed 的结论，从 Now it's more difficult for polar bears to fish for food or look after their babies 得出 Food shortage 的结论。然后经过分组合作，讨论交流，大家还提出了拯救濒危动物我们能做些什么：Learn more about endangered animals. Never buy things that are made from wild animals. Stop hunting. Protect wild life habitats. Recycle. Turn off a running tap.

8. 自然观察智能与读的教学

小学生都期盼能通过自己的各种感官来探索世界，他们可以运用自己的感知能力积极观察，并对感知的内容进行反思与质疑。为了提高学生的感知能力，教师可以通过新奇的、开放式的英语课堂教学来提高他们的观察力。观察力绝不是单一的视觉活动，而是一种有目的、有计划、主动的知觉活动的能力，诉诸多种感觉器官的综合判断与分析。就英语语言观察力而言,它表现为语言的发现能力,目的明确且有针对性的寻找性练习是有效的途径。如要求学生在阅读的英语文章、段落或句子中,寻找同、近义词或反义词、主题句以及各种时态等多种多样的语法手段等。寻找性练习不但可以激发学生学习英语的兴趣和好奇心,同时学生在完成这类练习的过程中或之后,还可以体验到探索发现的快乐和成就感。比如剑桥国际少儿英语第四册Unit7 有这么篇文章:

MR BURKE: Welcome to the Kid´s Box Quiz. Let´s hear it for these two clever kids in today´s big final: Lenny and Stella.

LENNY AND STELLA: Hello Mr Burke.

MR BURKE: Look at the animals on the wall behind me. Lenny, which do you think is the most exciting?

LENNY: Er, I think the most exciting animal is the tiger.

MR BURKE: Great. Now tell us about tigers. You get five points for each fact.

LENNY: Well, the Siberian tiger´s the biggest and the strongest animal in the cat family. It´s not the quickest cat, but it can run at 55 km an hour. The heaviest Siberian tiger weighed 465 kilograms.

MR BURKE: Very good. That´s 15 points. Now Stella, which animal do you think is the most beautiful, and what can you tell us about it?

STELLA: I think the most beautiful animal is the dolphin. It´s one of the cleverest animals and I also think dolphins are the best parents – they look after their young for more than 3 years …erm … Oh yes and do you know that dolphins can´t drink sea water? They have to get water from their food.

MR BURKE: Very good Stella. That gives you 15 points. Now, put your hands on the buttons. The quickest person to press the button and answer the question correctly gets 5 points. Which animal is the loudest in the world?

LENNY: Is it the elephant?

MR BURKE: Sorry Lenny, it isn´t.

STELLA: Is it the blue whale?

MR BURKE: Yes, that´s right Stella. Five points for you. The blue whale is the loudest animal in the world and now for my next question …

文本内容很长,如何激发学生阅读的兴趣呢?可以让学生在阅读时寻找Lenny和Stella所谈论的两种动物之所以最令人激动令人喜爱的事实依据(表4.7),在寻找依据的过程中学生的好奇心和竞争意识都得到了充分调动,获得学习成就感。

表4.7 Read and write the facts.

Name	animal	facts
Lenny	tiger	Siberian tiger´s the biggest and the strongest animal in the cat family.
		It´s not the quickest cat, but it can run at 55 km an hour.
		The heaviest Siberian tiger weighed 465 kilograms.
Stella	dolphin	It´s one of the cleverest animals.
		Dolphins are the best parents – they look after their young for more than 3 years.
		Dolphins can´t drink sea water. They have to get water from their food.

寻找到事实依据后,可以进行文本的比较判断:Lenny thinks the most exciting animal is the giraffe. The Siberian tiger is the biggest animal in the cat family. The Siberian tiger is the quickest cat. Stella thinks the most beautiful animal is the dolphin. Stella thinks the dolphin is the best parent. The elephant is the loudest animal in the world. 而后在文本中深入寻找教学重点:形容词最高级的相关词汇。Which animal does Lenny think is the most exciting? Which animal does Stella think is the most beautiful? Can you find more words from the text? (exciting- the most exciting, big- the biggest, strong- the strongest, quick- the quickest, heavy-the heaviest, beautiful- the most beautiful, clever- the cleverest, good/well- the best, loud- the loudest, …)最后能总结升华相关语法及其实例,达成教学目标(表4.8)。

表4.8　形容词原型、比较级、最高级示例

1	2	3	4	5
loud louder the loudest	big bigger the biggest	dirty dirtier the dirtiest	good better the best	beautiful more beautiful the most beautiful
clever cleverer the cleverest	thin thinner the thinnest	happy happier the happiest	bad worse the worst	difficult more difficult the most difficult
quick quicker the quickest	hot hotter the hottest	heavy heavier the heaviest	many more the most	exciting more exciting the most exciting
strong stronger the strongest	sad sadder the saddest	easy easier the easiest		

附:多元智能理论指导下的以读为主要训练技能的课例

下面以剑桥国际少儿英语第三册Unit5 的一篇阅读文本为例具体阐述以读为主要训练技能的多元智能指导下的课例,阅读文本如下:It's Tuesday and Paul's at home. He can't go to school because he's got a temperature. He mustn't get up. He must stay in bed. He's got a cough and a cold. His doctor says he mustn't run or play. He must sleep and drink a lot. He loves swimming and he always has a swimming lesson on Tuesday. He can't go today, but he isn't sad because he can listen to music in bed!

Pre-reading task 阅读前任务

T: Let's play a game: Round table. It's about Class Rules.

(学生小组活动,每组分一张纸,每人依次写下关于Class Rules 所能想到的关键词,然后汇报交流每组所写的关键词汇,展示在黑板上。)

T: Please talk something about class rules.

S1: Work as a team.

S2: Be Responsible.

S3: Listen to others.

S4: Be respectful to everyone.

S5: Be kind and helpful.

S6: Do your best.

细化课堂规则,用must, mustn't交流

S1:We must listen to our teacher.

S2: We must speak English in English class.

S3: We must help our teacher.

S4: We must do our homework.

S5: We mustn't eat in class.

S6: We mustn't drink in class.

S7: We mustn't write in the table.

S8: We mustn't hit our friends.

…

【Round table创设了积极的人际交往环境,激发学生对话题的兴趣,学生在小组内,通过合作、交流等形式,写下关于课堂规则的关键词,学生们相互分享智慧与知识,加快了沟通速度,而后在自我认识智能的指导下,根

据关键词交流相关课堂规则，在细化规则的谈论中使用must和mustn't进行表达，为之后的学习做好铺垫。】

Pre-teach vocabulary 重点词汇的阅读前教学

Review the illnesses using the flashcards.

Call a pupil to the front. Give him / her a different illness flashcard. The pupil mimes for the class to guess. The pupil who guesses correctly has the next turn at the front. Pre-teach dentist. Elicit from pupils who they go to with a stomach-ache, and who they go to with a toothache.

【这个活动在身体运动智能的指导下，让学生以身体活动的方式分析、表演和猜测正确的疾病，使学生积极投入到创意想象的活动过程中去，降低之后阅读文本的难度，以帮助学习者更好地理解文本】

While reading task 阅读中任务

Gist reading task: Picture walk.

Tell pupils to open their Pupil's Book at page 49. Focus them on the picture. Elicit the boy's name (Paul) and some things about him from the picture.

Look and answer: Where's Paul? What's he doing? What he must do and what he mustn't do?

Detailed reading task 细节阅读教学

Read and correct the sentences: It's Thursday. Paul's at school. Paul mustn't stay in bed. He hasn't got a temperature. He must get up. His dentist says he mustn't run. He mustn't sleep. He always has a piano lesson.

Focus pupils on the activity instruction and check understanding.

Pupils take turns to read the text aloud around the class. In pairs, pupils look at the sentences and correct them with reference to the text.

Pairs check with pairs.

Check with the class.

【在Picture walk中，学生通过观察图片，进行大脑想象、空间推理，利用空间智能判断Paul所处的环境、他的身体状况并提出合适的建议，提前了解阅读文本大意，为之后的细读做好准备。在细节阅读文本时，通过合作、交流的人际关系智能，以及辨别材料、判断纠错的自然观察者智能帮助学生更深入地理解文本。】

Post-reading task 阅读后任务

Give some suggestions to Paul: You must ..../ You mustn't ....

Listen and complete the sentences "When you've got … you …" Say 'must' or "mustn't".

Check with the class.

When you've got a backache you mustn't do sport.

When you've got a temperature you mustn't go to school.

When you've got an earache you mustn't listen to music.

When you've got a stomach-ache you mustn't eat sweets.

When you've got a toothache you must go to the dentist.

When you've got a cold you must drink a lot of orange juice.

Group work.

Pupils write about what they must do and mustn't do in different situation, such as in the street, in the classroom, in the library, stay at home (when he/she is ill), etc.

【在阅读后任务中，将语言智能落到实处，通过给Paul建议，以及创设生病在街道上，在教室里，在图书馆，在家的不同情景，该如何正确给出相关建议。利用小学生的想象力鼓励内在感受与体验，促进学生的思考以及阅读文本的升华。】

第四节　多元智能理论指导下的写的教学策略

写作是一种思维活动，是学生表达思想的方式。写作技能是在听、说、读的基础上进行的，在小学阶段，写的技能训练主要包括熟练的英文书写能力，良好的书写习惯和初步的写作技能。常用的训练写的方法有：教书写、抄写、听写、看图写单词、打乱字母顺序写单词、选词填空、配词成句、扩展句子、仿写、看图写话等等。

在多元智能理论的指导下开展写的教学可以更好地训练和检查学生对单词、语法、句子的理解和运用。例如，可以让学生根据要求为图片、实物等写出简短的标题或描述，使空间智能与语言智能同步发展。按照学习主题，通过头脑风暴联想相关词汇，组词成句进行诗歌创作，使逻辑思维能力得到锻炼。让学生尝试用肢体语言甚至舞蹈来表演他们写作的英语小短文，使他们对身体运动智能有更深入的理解。

1. 语言智能与写的教学

学生的语言智能一方面表现为使用口头语言表达的能力，另一方面表现为运用书面语言表达的能力。在小学阶段，写的技能主要包括熟练的英文书写能力，良好的书写习惯和最简单的、初步的写作技能。要让写作成为一个充满乐趣的过程，可以使用多种形式，比如看图填写所缺的单词或句子、配词成句、看图写话、编英语谜语（用颜色、形状、大小、气味、功能等来描述要点）、编英语趣味小报、头脑风暴与诗歌创作等。下面举例头脑风暴与诗歌创作。

"头脑风暴法"一词源于英文"Brainstorming"，又称智能激励法，是由美国创造学家奥斯本于1939年首次提出的一种教学方法，它是一种让所有参与者在自由、愉快、畅所欲言的氛围中交换观点，并以此诱发集体智慧、激发学习者创意与灵感的学习方法。这种方法对促进学生的自主学习，发展学生的英语听、说、读、写能力起着积极的促进作用。运用头脑风暴法进行简单诗歌的写作，大概步骤如下：确定主题，如"Children's Day"；进行头脑风暴，让学生联想出与此相关的单词，教师把这些单词随意写在黑板上，如：happy, colorful, games, wonderful, balloons, party, dancing, presents, pretty, beautiful, singing, songs, nice等；选择一些形容词和名词组合起来，如：colorful balloons, happy dancing, wonderful games, pretty presents, nice party, beautiful song等；学生将以上内容根据自己的喜好自由组合成一首诗，并在诗的旁边亲手画一些有关的图画或直接贴一些相关图片进行装饰；在教室的墙壁上展示学生作品。比如学习了PEP Primary English第六册话题"seasons"，通过头脑风暴，有学生作诗如图4.11：

图4.11 Seasons创作诗歌

2. 数学逻辑智能与写的教学。

这种策略对培养学生的逻辑思维能力是很有益的，因此，我们可以通过这种策略有目的地组织写作。写作的程序如下：学生开展辩论赛，或提供一些问题让学生争论。同时也可以结合教学内容，从自身生活和社会生活中选择简单的研究课题，以调查的方式主动获取相关资料，把学生置于一种动态、开放的学习环境中，学生就会成为学习和思维的主人。具体操作如下：学习关于"What can you do?"的相关话题后，在课堂中make a survey，并做好相应记录，如表4.9：

表 4.9　关于话题“What can you do?”的调查表

	do the dishes	make the bed	sweep the floor	wash the clothes	empty the trash
Mike	√		√		√
John	√	√		√	
Sarah	√	√	√		√
…					

根据调查记录，画一个相关的图表进行统计，了解全班大概会做的事情以及人数比例，如图 4.12：

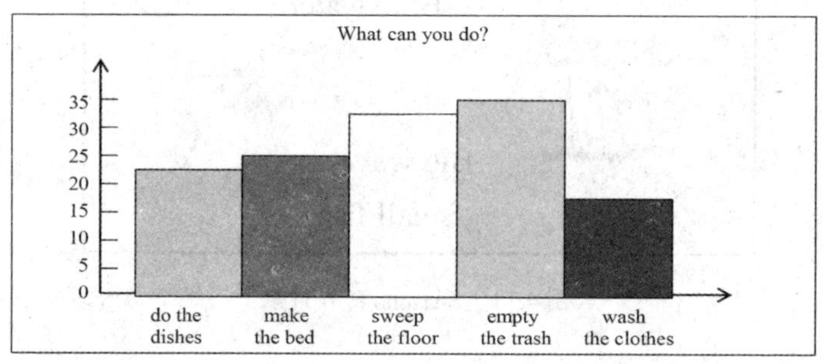

图 4.12　关于话题“What can you do?”的统计表

鼓励学生就以上图表提出问题，在回答问题前，小组内的同学可以相互讨论、协商。这种策略能使更多的学生参与对问题的深入思考，这种讨论协商、表述观点、完善观点的过程就是对数学逻辑智能的一次很好的锻炼。最后落实到写作中，通过上面逻辑严密的辩论和思考及调查，学生的写作题材翔实而丰富，写作的内容自然而达意。

3. 空间智能与写的教学

促进空间智能发展的小学英语写的教学策略大致有以下几点：将写作材料视觉化、运用图画比喻画出写作内容、文字与直观事物相结合的表达方式等。图画比喻是用视觉形象来表达思想,其价值在于使学生在文字和画面之间建立起联系、在抽象和具象之间建立起联系。作为教师,应该思考你想让学生掌握的重点内容,然后把你的想法与某个已知的视觉形象联系起来,自己构思完整的图画比喻,或者让学生发展他们自己的比喻。这种策略对那些弱于口头表达而长于空间想象或擅长绘画的学生尤其适用。可以创作图文并茂的英文小故事书,制作心情日历等。比如在学习了 My Holiday 这个主题后,孩子们图文结合的写作,显得尤为精彩(图4.13):

图4.13 My holiday 学生作品

4. 音乐智能与写的教学

音乐可以帮助人记忆和表达，促进音乐智能发展的小学英语写的教学策略的要素是激发想象协助记忆等。其目标是借助课堂中音乐的运用，把它作为教学的有机组成部分，通过音乐帮助学生调节情绪，激发想象以增进对于写作内容的理解，用音乐激发语言技巧等。这些音乐包括具象或抽象的音响效果、自然界的声音、古典或现当代音乐。也可以通过寻找与写作内容相关的歌曲资源来营造更贴切、更易投入的写作环境。比如在教学“My Pen Pal”这个话题时，组织学生给Pen Pal写信时播放歌曲“Big Big World”效果相当不错。音乐节奏舒缓，富有情感，自然而然带动了孩子们写作能力和技巧运用。

5. 身体运动智能与写的教学

在小学英语教学中的写包括写作教学和书写教学。身体运动智能在写作教学中的教学策略可以通过参与感兴趣的活动，学生在参与过程中积累了丰富的体验、真实的感受，在写作时就一定会言之有物。在书写教学尤其是英语字母书写教学时，这个策略可以要求学生以身体活动的方式分析和解决问题，同时使学生投入到创意想象的活动过程中去。尝试创意动作首先要让学生学会理解身体的认知，比如让学生在一张纸上快速记下与身体有关的联想、图像、声音、感受、概念等，然后导入创意动作活动。学生可以用手势和身体动作来学习26个字母，在书写的过程中自然联想到这些字母的形态，手势图（图4.14）身体图（图4.15）。

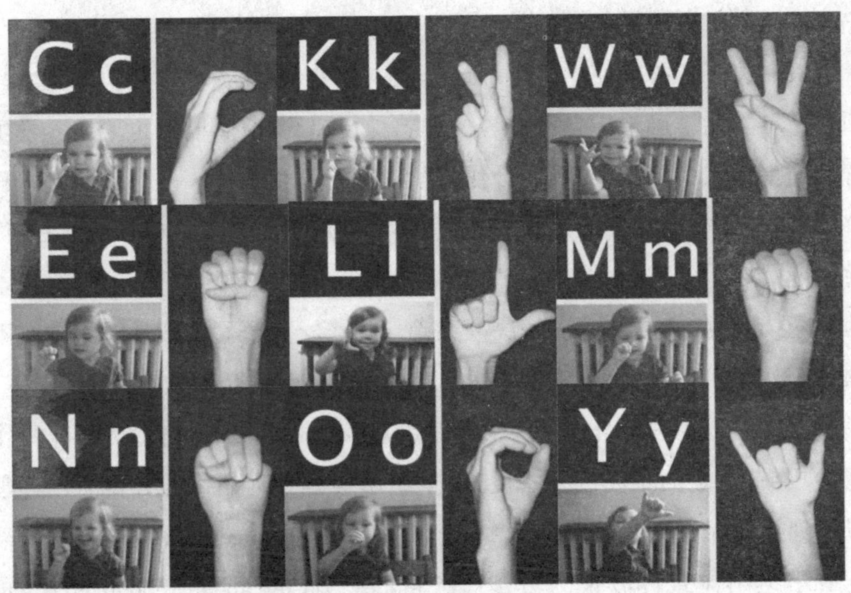

图 4.14　字母手势例图

图 4.15　字母身体例图

6. 人际关系智能与写的教学

人际关系智能能使学生更好地与他人相处，所以在小学英语课堂中教师要引导学生准确地把自己的想法和感受传递给同伴，同时也要培养学生善于捕捉他人情绪的能力，而合作式学习则给学生提供了一个彼此相互理解、共同合作完成任务的良好机会，为学生创造了更多交往机会，加快了沟通速度，培养了学生的参与意识和合作精神，同时还有助于学生学习基本的社交技能，如倾听、交流、解决冲突等。在小学英语写的教学过程中有不同的合作学习写作形式，如双人式、小组式、跨小组互助式、小型团体等。教师在组织学生进行合作学习写作时，应注意给团队安排合适的合作写作题材，要有一定的难度或复杂度，让学生切实体会到合作的必要。比如学习了剑桥国际少儿英语第四册 Unit5 濒危动物 Endangered animals 后，可以开展小组制作宣传海报的写作任务 Make a poster about ‘endangered animals’. 提供写作的范本，让学生从濒危动物的特征、濒危的原因、我们人类应该怎样帮助它们等几方面，设计制作海报。写作的难度比较大，学生们切实感受到了合作的必要性，在能力互补、合作共赢的氛围下，高质量地完成了海报设计制作任务(图 4.16)

White-flag dolphin lives in China. They live in the Yangtze river. They eat small fish in the Yangtze river.

The reasons for becoming endangered animal

White-flag dolphins have problem because the Yangtze river was dirtier than it was before. And there are fewer fish in the Yangtze river, so the White-flag dolphins haven't got any food to eat.

What can we do for White-flag dolphins now?

1. We can move the White-flag dolphins to the places where the conditions are similar to the natural conditions of the Yangtze river.

2. We can let some people to feed the White-flag dolphin.

3. We can't throw litter into river or sea.

Now many White-flag dolphins died in their habitats, so we have to help them more quickly.

white-flag dolphin

图4.16 濒危动物海报

7. 自我认识智能与写的教学

促进自我认识智能发展的小学英语写的教学策略的要素是有动机、能决策、批判性的自我观察、自我肯定等等，在英语学习中自我指导，达到学习中的自我觉醒、自我认同和自我实现，反思英语学习的目标，获得英语学习的目的感与方向感。促进自我认识智能发展的小学英语写的教学策略大致有以下几点：为学生创造一个宽松的表现自我的英语课堂学习环境、利用小学生的想象力鼓励内在感受与体验、写日记、写读后感、自我评价等。多元智能强调评价的多元化，《英语课程标准》也强调评价体系要体现评价主体的多元化和评价形式的多样化。自我评价就是学生对自己一个阶段英语学习的自我观察和反思，有益于学生认识自我、树立自信，有助于学生反思和调控自己的学习过程，从而促进语言能力的不断发展，为后继的英语学习提供动力。比如在阶段学习后填写自我评价树(图4.17)，而后放在学习档案袋中或者贴在英语角，定期更换。第一栏为听、说、读、写的自评；第二栏为自己在对子活动、小组活动和个人活动的自评；第三栏小结学会了什么，使用英文书写；第四栏是对自己在本阶段学习中的总体性评价：Super, Good, Try hard。

图4.17　自我评价树

8. 自然观察智能与写的教学

来自自然科学的概念能够支持和丰富英语学科的研究和教学，同时英语学科的教学内容也经常涉及自然科学知识。通过在英语课中探讨学习相关自然科学主题，设计相应的英语活动或写的作业，学生就能够体验到与广阔的环境相联系的博大感，也可以和教师一样更深刻地认识自己与周围世界之间的相互联系。比如水循环主题，PEP Primary English 第七册第六单元的教学内容是“雨的故事”，教师可上网查找资料制作水循环图(图4.18)并要求学生完成相关写的作业。

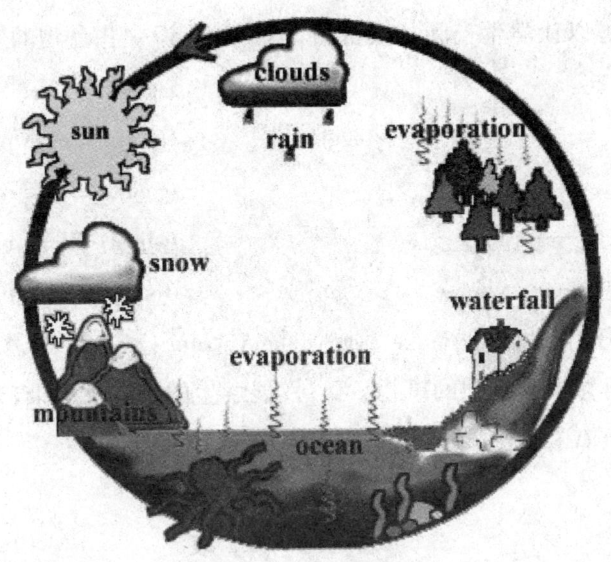

图 4.18　水循环图

- 写的作业之一：Write and say.（图 4.19）换一种形式将水循环表现出来，既复习了重点单词又让学生以自然观察者的思维方式思考问题。

Model: The water is hot. It is vapour now.

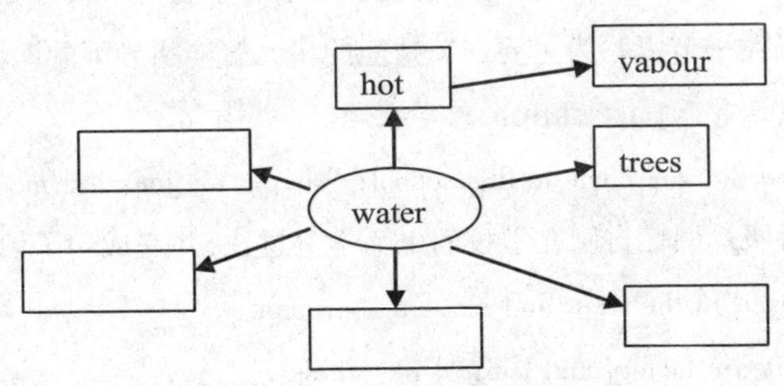

图 4.19　词汇发散思维图

- 写的作业之二：Do you know? Where does it come from? 食物的来源

很有趣,可以让学生查阅相关资料,了解和认识一些食物的来源甚至是简单的食物链。

egg ——→ (hen) ——→ (egg)　　　(pig) ——→ pork

(cow) ——→ beef　　　(goat) ——→ mutton

(cow) ——→ milk　　　(wheat) ——→ bread

(milk) ——→ cheese　　　(fish) ——→ fish

- 写的作业之三:Make a survey and write.(表4.10)从水循环,到食物的来源,再拓展到其他的事物,可以发展学生的发散性思维,开阔他们的思路,到最后篇章写作,就水到渠成了。

表4.10　调查表

Where does it come from?	rain	milk	seed	glass	…
It comes from …					

附:多元智能理论指导下的以写为主要训练技能的课例

下面以六年级所学的过去时态为例(杭州橄榄树学校徐淑青老师设计),具体阐述一节以写为主要训练技能的多元智能指导下的课例:

自由谈话导入past simple教学主题。

T: When did you come to this school? What's the happiest moment?

学生看照片回忆自己在学校的生活学习过往,并完成句子填空:

We played in the snow and made a snowman.

We visited a factory and learned new things.

We celebrated Kelly's birthday and ate delicious cake.

We wore Mexican clothes and danced in the playground.

We laughed happily and Daisy took a photo of us.

We made a report about our work and others listened carefully.

She carried a box of apples. She was really strong!

The teachers planned the UOI lessons for the next week together.

【借助空间智能和自然观察者智能，通过照片、幻灯片等视觉材料帮助学生回忆、唤醒对学习经历的记忆及过去时态的正确表述方式，使他们在运用语言智能时做出很好的反应。】

Pair work 对子活动：讨论动词过去式的变化规则。

教师将刚才看图说话所涉及的动词整体呈现在黑板上，学生与同伴观看这些动词过去式，讨论它们的形式变化和发音 The rules to form the past tense of verbs, The rules to pronounce the past tense with 'ed'. 讨论好后在全班同学面前交流分享，并且将这些散乱在黑板上的动词过去式按类别重新张贴。

【在小组合作的形式中学生在人际关系智能的作用下，通过沟通、合作、交往共同完成学习任务，提高了学习效率，在归纳和演绎推理、解决问题的过程中，数学逻辑智能得到了重要的运用，学生分析和解决动词过去时态的形式和发音的过程，使他们由知识的接收者变为主动的研究者。】

出示例文，选择文章主题并改错。

教师出示例文：Some students drawed cartoons in the cartoon club. Some readed poems in the poem club. Some bakeed delicious cake in the cooking club. Some plaied exciting maths games in the maths club. Some kickked the football into the net in the football club. Some pass the ball and throwed it into the basket in the basketball club. Some students even writed their own English songs in the English song club.

学生选择文章主题，并将文中错误的动词过去时态进行改正。

1.After school clubs　　2. Fun festivals

3.Subject carnivals　　4. Field trips and social studies

Some students drew cartoons in the cartoon club. Some read poems in the poem club. Some baked delicious cake in the cooking club. Some played exciting maths games in the maths club. Some kicked the football into the net in the football club. Some passed the ball and threw it into the basket in the basketball club. Some students even wrote their own English songs in the English song club.

【根据文章内容选择文章主题是很好的数学逻辑智能指导下的教学策略,能够促进学生的探究反应,思维也就应运而生。而自然观察智能促使学生积极观察,比较、纠正动词过去时态的错误表达,发展了学生观察、辨别和关注语言知识点的能力,为后续的写作打下良好基础。】

Group work 小组合作写作。

教师出示其他三个主题及相关活动照片,Fun festivals,Subject carnivals,Field trips and social studies,学生以组为单位,根据刚才 After school clubs 的修改后的范文,进行写作、分享及纠错。分享过程为:

Take turns to share your group work.(与其他组分享)

Others listen and choose their topic.(其他组倾听并选择主题)

Listen and look carefully and find out their mistakes, especially about past tense.(纠正写作中的错误,尤其是过去时态)

学生的习作如下:

Fun festivals

We had a lot of festivals. In 2018, we took part in the maths festival. We had a competition, mental arithmetic relay. We should do maths exercise. We also had an exciting game show. In this show, we played math games, like Rubik's Cube, magic ruler and Huarongdao. The quickest one won! In 2019, we celebrated Art Festival. We watched an exciting gala. Some students danced. Some students played different kinds of musical instruments, like the pipa, the piano and so on. We also held a sports meeting. Everyone jumped the rope. We played football and ran. The teacher told us we did a good job! Some students even broke the school record. In December 2019, there was an English Festival. We sang English songs and had the words competition.

Field trips and social studies

We had many field trips and social studies in our school. In October 2017, we went to Xuzhou by train. We picked many apples and sent them to our parents and friends. We learned how the apples were sent to us. In March, 2018, we went to Wenzhou. We visited a village called Furong Village. We also climbed a mountain. That was tiring but exciting. In October 2018, we went to Jiande. We picked oranges and made orange lamps. We also went for a long walk. We were strong. In April 2019, we went to Kaihua. We picked up tea leaves. Then we went to Qiandaohu. We visited the water factory and learned how water was produced. We also did an experiment there! How exciting!

【情绪是写作的启动因素，当教师在六年级快毕业时创设了学生小学一起生活学习的富有回忆的情景时，学生的写作的心理意识和写作激情就被激发出来了，图片之类视觉化的材料，更好地帮助学生进行创作与书写，写出的内容自然丰富有趣。在写好后的分享与纠错中，则充分调动了人际关系智能和自我认识智能，在这个过程中，发挥学生的各项优势智能，创设良好的写作交流环境，相关的教学目标达成度肯定令人惊喜。】

第五章 基于多元智能开发的小学英语教学课型探索

将多元智能应用在小学英语教学中意味着学生拥有了使用多种不同类型智能的机会,而不是像在通常的课堂中,只有语言智能才能被使用。教师可以努力使学生在学习学科知识和技能时能够运用他们最强势的智能帮助他们理解和运用知识。如果一堂课要包含八项智能的全部要点,这几乎是不可能的,但教师可以尽力让学生可以选择性地运用他们的强势智能,如,他们可以通过画画或表演或肢体语言,去展示他们对于词汇、诗歌、课文的理解,这些选择可以替代通常由语言智能去表达的方式。当然,在创造性地运用多元智能的同时,也不能丢弃熟练诵读、阅读、写作及基本的词汇知识掌握等。运用多元智能给了我们更多的工具去帮助学生学习并使学习更有趣味。学生具有选择不同学习方式的自由,并且他们对自己的学习负有责任。

在课堂教学中,由于教学目的任务的不同,可以分为多种类型。教师如果能够正确地选择和运用不同类型的课,就可以使他们所上的许多课构成一个完整的体系,保证整个教学过程的完整性。按照上课的主要任务把课分成不同的种类,就叫作"课的类型"。课的类型大致有两大类:一类是综合课,一类是单一课。①一节课如果主要完成一种教学任务,那么这种课属于"单一课"。单一课又视所完成的主要任务而分为新授课、复习课、练习课等。如果在一节课里要完成的主要任务有两个或两个以上,这种课就

① 李秉德.教学论[M].北京:人民教育出版社1996:253.

叫作“综合课”。但是,基于多元智能开发的课,不论是综合课还是单一课,都涉及通过学生的多元智能的开发和运用,来促进英语教学。

苏联教育家马赫穆托夫把课的类型划分为四种:第一类型——学习新教材的课;第二类型——完善知识技能的课(即复习巩固、形成技能技巧);第三类型——混合课(即在这种课上解决第一、二两种类型的课的任务);第四类型——检查和校正知识、技能的课。

课的教学程序主要是由课的类型决定的,不同类型的课具有不同的教学程序,即使是同一类型的课,它们的程序也不可能完全一样,还会有各不相同的特色,这主要取决于教师的教学艺术和创造精神。下面把常用的几种类型的课及其教学程序简述如下。

第一节　多元智能理论指导下的小学英语综合课教学课型

小学用得最多的课型是综合课,这种课在一节课内同时完成多项任务,它比较适合小学生注意力不容易长时间集中的年龄特征和小学教学内容程度比较浅显的特点。小学英语综合课,在侧重培养学生听、说、读、写能力的同时,也注重培养学生综合语言能力和交际能力,既培养语言交际能力,同时兼顾语言知识和文化知识的传授。

加涅在设计教学程序的结构中提出了一节课中的教学事件,[①]他认为教学包含一套外在于学生的、设计用于支持学习内部过程的事件,在多数情况下,教学事件必须由教学设计者或教师做出审慎的安排,这些事件的确切形式一般说来并非适用于所有的课,也绝不是每堂课都需要所有这些事件,但为适合每类情况而选择的特定交流,在支持学习过程方面具有理

---

① [美]R·M·加涅,L·J·布里格斯,W·W·韦杰著,皮连生,庞维国等译.教学设计原理[M].上海:华东师范大学出版社,1999:189.

想的效果。这些事件是:引起注意、告知学生目标、刺激回忆先决性的习得性能、呈现刺激材料、提供学习指导、引出行为、提供反馈、评估作业、促进保持和迁移。

基于多元智能开发的英语综合课,要以促进学生的多元智能发展为主线,综合运用各种策略和方法,结合教师安排的适当的教学程序和教学事件,使学生在学习英语知识和技能时能够运用他们最强势的智能来帮助他们理解和运用知识,从而达到培养学生综合运用语言的目的。下面笔者从教学实践出发,结合加涅提出的教学事件,就基于多元智能开发的英语综合课教学程序,在操作层面上作一点初步的探讨。

- 确定本节课的教学目标。首先要确定学生的起点,学生的多元智能情况,从"每个学生的所在位置"开始教学①,并在课堂教学中适当的时候中告知学生目标。这里要注意的是教师的教学目标不应让学生去猜,而是应该告诉学生,同时陈述教学目标也有助于教师把教学维持在目标上。当然,教学目标要得到有效的交流,就必须被转化成学生易于理解的语言(或者适当使用图片)。

- 根据教学目标和学生智能特长设计教学各环节的教学内容和师生双边活动安排。如在导入教学时引起具有不同智能特长的学生注意的各种方法,激发他们的兴趣;在复习环节刺激学生回忆先决性的习得性能,对先前习得性能的回忆可以通过要求再认性的或者更好一些的再现性的问题来引发;在教学新知识过程中呈现刺激材料,而刺激呈现通常突出决定选择性知觉的各种特征,如把学习材料变成可以说唱的形式以增进音乐智能较强的学生的理解与记忆,运用多种多样的视觉材料来加强空间智能较强的学生的理解与记忆等。

- 实施教学过程,结合多元智能理论的运用,设计运用突出重点、突破难点的方法策略。这里特别提出的是在课堂教学中要给学生提供学习

① [美]R·M·加涅,L·J·布里格斯,W·W·韦杰著,皮连生,庞维国等译.教学设计原理[M].上海:华东师范大学出版社,1999:236.

指导，而学习指导的具体情况，要根据学生的学习类型和智能特点而变化；引出行为，在得到充分的学习指导后，学生明白该怎么做了，就可以要求他们表现出自己已经知道怎么做，如学生知道了英语词尾是“o”的单词变复数的形式，就可以呈现给他们“potato, tomato”等例子进行实际应用；促进学生学习的保持和迁移，最好是为学生提供各种各样的新任务，这些新任务需要把所学知识运用到新情境中。

- 教学反馈与评价。教学中要提供关于学生使用或实际应用语言中的正确性或正确性程度的反馈，反馈的措辞或表达没有标准的形式，如点头微笑或言语说明；评估学生的作业或学习情况，确定学习的有效性，如教与学的期待效果是否达到等。

其具体步骤大致如下：

组织教学。组织教学的任务，是要稳定学生的学习情绪，让学生做好上课的物质准备和精神准备，集中学生的注意力，保证上课正常而有序地进行。任何一堂课都是从组织教学开始的，而且它贯穿于课的始终。此外，还应处理好课堂上发生的各种意外问题，及时排除干扰，以保证每堂课能按计划有秩序地进行。

复习检查。复习检查的任务，是要使学生复习巩固上一节课学过的知识和过去所学与本节课有关的知识，为学习新课作好准备，同时还要检查学生完成上节课布置的课外作业的情况，培养学生及时复习、按时完成作业的责任感和良好习惯。

讲授新教材。这是综合课的中心环节，它的任务是要使学生在过去已经掌握的知识和技能的基础上感知新教材和理解新教材，并在感知和理解新教材的过程中发展学生的能力。讲授中要贯彻有关教学原则，灵活地选择和运用各种教学方法，要注意突出重点，抓住关键，化难为易。

巩固新教材。这个教学环节的任务，是要引导学生及时小结本节课所学习的内容，并通过口头或笔头练习，当堂巩固，消化主要内容，同时为独立完成课外作业作好准备。在实际进行教学时，讲授新教材和巩固新教材有时可以明显地分为两个教学环节，有时讲一点就马上巩固一点，边讲边练，在这种情况下，讲授和巩固新知识，培养技能和技巧，是结合在一起进行的。

布置课外作业。布置课外作业是一节课的结束，是课堂教学的延续和补充，目的在于使学生进一步巩固所学的知识，并培养学生独立作业能力。布置作业时，教师要提出明确的要求，作业的内容和形式，要根据本学科的特点，力求灵活多样，习题要有代表性，分量要适当。对难度较大的作业，要有适当的提示。

英语教学的目的是培养学生的综合语言运用能力。综合语言运用能力的形成建立在学生语言技能、语言知识、情感态度、学习策略和文化意识等素养整体发展的基础上，语言知识和语言技能是综合语言运用能力的基础，文化意识是得体运用语言的保证，情感态度是影响学生学习和发展的重要因素，学习策略是提高学习效率、发展自主学习能力的保证。这五个方面共同促进综合语言运用能力的形成。单一课程、单一学科给予学生的教育有可能是片面孤立的、缺乏真实生活意义的，以多元智能理论为结合点能使小学英语课与信息技术、美术、体育、自然科学等课程的整合落在实处，使英语学习渗透在各学科的教学中，让学生获得更多的信息输入，得到全面的发展。

“各科教师在教学时，都须有一种全局观念：自己教的一门课程，无论是语文、数学、英语，还是绘画和音乐，都是同一个整体的不同部分，并使它们以一种科学的比例，与其他科目融合交叉，以达到一种整体的效果”①。这样才不至于“将一个本是完美的整体的学生分裂”②。学科融合是现代课程发展的趋势，学科间的横向联系有助于各相关学科的教学。而小学英语是一门融合力极强的学科，可将音乐、美术、文化、手工制作、运动等内容融

① 汪振城编著.中小学立美教育论纲[C].杭州：浙江大学出版社2000:10.

② 滕守尧.美育——教育现代化的关键[J].西南民族学院学报（哲学社会科学版）1995年增刊:123.

合到英语学习中，从而启发学习思维，有利于学生多元智能的开发。

综合课的教学结构大致如下：组织教学，复习检查，讲授新教材，巩固新教材，布置课外作业。

下面以PEP Primary English Book 1 Unit 6 Part B Let’s learn的教学为例来做一个多元智能的指导下的综合课教学设计，其中主要涉及的是美术学科和手工制作(表5.1)。

目标：掌握七个单词“ball, doll, balloon, boat, plane, kite, car ”；引导学生在情景中指认所学的物品，并用英语说出它们的名称；培养学生的英语学习兴趣，通过学习小组合作的方式掌握知识，养成良好的听说习惯；能在学习小组内完成图画书的制作与讲述故事的任务。

表5.1　多元智能理论指导下的小学英语综合课教学设计实例

教学事件	教学程序及方法	涉及多元智能及相关意图
引起注意	组织教学/热身活动： 跟唱歌曲： Roll the ball. Ten little Indians. Ten sausages 欣赏: Tom and Jerry动画片段 (What are they doing? They are flying.) 动画播放同时有英文配音，屏幕下方有同步英文句子和单词出现。 	这些歌曲有课内的也有课外的，音乐智能较强的学生在欣赏歌曲的同时也可以复习巩固一些数词。 让学生在有趣的动画中不知不觉进入英语学习的状态，接触会飞翔的几类物体：bird, plane等，为新授内容作铺垫，并可衔接下一教学环节。

续表

<table>
<tr><th>教学事件</th><th>教学程序及方法</th><th>涉及多元智能及相关意图</th></tr>
<tr><td>刺激回忆先决技能</td><td>复习检查:
教师:Do you like flying kites? What do you like?
I like drawing.(在黑板上画卡通简笔画)</td><td rowspan="2">从卡通简笔画导入,引出新词balloon,让学生也上来画画、动动,适合空间智能较强的学生学习。平时通过教给学生多元智能的理论,教会他们认识到自己也有独特的智能强项,引导他们合理地发挥强势智能去带动词汇的学习。

思维拓展练习:The balloon can fly. ______ can fly?在交流的同时就顺势引出新词kite和plane。
将数词和新授单词结合在歌谣中,朗朗上口,便于记忆,适合音乐智能强的学生学习。

将这些单词图片分贴在黑板上,一方面这些单词为新授单词,并且都会飞,在学习小组竞赛时看谁飞得高,可以不断在学生面前复现这些单词,另一方面为学生的合作学习提供便利。

“猜谜”的形式能培养学生用英语交际的意识,适合人际交往智能和语言智能强的学生。</td></tr>
<tr><td>呈现刺激材料并提供学习指导</td><td>新授新教材:
1. 学习balloon:
教师画一些气球:I like drawing balloons. Do you like balloons? Who can draw a balloon?
学生在自己的纸上画画,并学说: balloon
T: How many balloons? Let’s count: 1, 2, 3, 4…
Blue balloon, red balloon, any more?

2. 学习kite和plane
教师: The balloon can fly. What can fly?
学生:The kite/bird/plane/bee/butterfly/dragonfly can fly…
出示歌谣,学生跟节奏吟诵:
1, 2, the kite can fly.
3, 4, the plane can fly.
5, 6, the balloon can fly.
7, 8, the bird can fly.
将全班学生分成4个学习小组:balloon组, kite组, plane组和bird组,看哪个学习组飞得最高,取得胜利。

3. 学习doll
教师: The balloon can fly. Who takes the balloon? (出示拿着气球的娃娃图)
学说doll,学生组词 Barbie doll, lovely doll, big doll, small doll, beautiful doll…(课件出示各种类型的娃娃)
碰碰猜猜游戏: Is this a doll?(让学生碰触袋子里的各类娃娃)</td></tr>
</table>

续表

教学事件	教学程序及方法	涉及多元智能及相关意图
呈现刺激材料并提供学习指导	4. 学习ball 教师从袋子里拿出球:Is this a doll? No, it's a ball. 指指说说游戏: Point to the …, please. 每组请几位学生上台,先读出教师手中卡片,然后分别拿着ball,balloon, doll,plane, kite的卡片站到教室的几个方位. 教师用橡皮泥做一个球:I can make a ball. Can you make a ball? 学生也动手用橡皮泥做做。 教师继续用橡皮泥做一艘船: What's this? 出示boat的拼图,请学生上台拼出来。 学生以小组为单位拼图(分别是boat, car, plane拼图)教师分组进行指导和教学:  当小组学生汇报boat/car/plane时,教师引导说: Row, row, row a boat. Drive, drive, drive a car. Fly, fly, fly a plane. 巩固新教材: 游戏: 拍苍蝇 将所学单词图片贴在黑板上,形成一个横排,分别抽取四个大组的同学代表自己组比赛,获胜的同学使自己组的代表性物品向上飞一格。 看书,听音,跟读单词。	这是单词教学中的一个小循环,因为本课单词较多,在学习了一部分单词后,先复习巩固一下,可以减少学习的遗忘和干扰。 动动手,缓解疲劳情绪,并激发新的学习热情,适合身体运动智能较强的学生,也适合低段教学。 将这几个新授单词在拼图活动中进行教学,适合那些动手制作、操作实物、组合不同图像或事物能力强的学生学习。 为下面的动手制作小图画书做铺垫。 这是单词教学的第二个小循环,帮助学生复习巩固。

续表

教学事件	教学程序及方法	涉及多元智能及相关意图
引出作业	**布置作业，拓展练习：** 出示教师制作的一本图文并茂的小故事书。 教师边在演示台上翻这本边讲故事。 I am a doll. I like the ball, I can bounce the ball. I like the balloon, I can fly the balloon. I like the kite, I can fly the kite. I like the plane, I can fly the plane. I like the car, I can drive the car. I like the boat, I can row a boat. 学生听懂故事后跟教师学说。	图文结合帮助学生记忆。
促进保持和迁移	任务活动：学生以组为单位制作图画书，将图片正确贴在事先印好的文字上，并将故事讲出来。 汇报。	任务型活动的完成涉及多种智能的共同运作，将图片与文字正确匹配并进行讲述，动口动脑动手，适合低段教学。
提供反馈评价作业	评价，奖励优胜组。	

第二节　多元智能理论指导下的小学英语新授课教学课型

新授课即传授新知识的课，属于单一课型，这种课以传授知识为主要任务，这是一种基本的课的类型。其教学程序通常是：组织教学；导入新课并揭示课题意义；学习新的语言项目；操练、实践、巩固新的语言项目；布置作业。这类课的教学程序尽管看似同综合课很相像，但两者是有明显差别的，大部分时间是用于传授和学习新知识的。

多元智能理论在小学英语课中的应用，应该是在尽可能的条件下在每节课、每个环节、各个活动中都应用到。否则，就谈不上真正的应用。下面笔者就以语言知识中的词汇教学为例来说明多元智能理论在小学英语新授课中的应用。

小学英语新授课以传授知识为主要任务，包括词汇、对话及篇章的新授，其教学结构通常是：组织教学；导入新课；学习新的语言项目；操练、实践、巩固新的语言项目；布置作业。

词汇学习是英语学习的基础，是语言应用的前提，也是小学阶段的一个学习重点。新《英语课程标准》对义务教育阶段词汇量的要求比旧的课程纲要有所增加，按新课标编写的英语教材词汇量比旧教材大得多。目前学生出现英语能力的两极分化很大的原因是词汇不过关。所以在小学英语词汇教学中，教师要运用多元智能理论能使单调的词汇学习变得多姿多彩，充满生机，从而吸引学生学习英语的兴趣，帮助学生学习词汇，获得学习词汇的方法，真正理解、记忆、运用词汇进行语言交际和语言应用。

下面以浙江省夏恩力老师的PEP Primary English Book 7 Unit 1 比较级词汇新授教学为例来说明（表5.2）。其设计原则是：要让学生感到有兴趣、快乐；要尽可能的根据不同学生的智能特长，调动其英语学习的积极性与潜能；要培养学生学习词汇的技巧与方法；要培养学生在语言交际中真正运用这些词汇。这种课型应以听、说类的语言智能的操练为主，但结合小学生的生理、心理特征，根据具体课程的重难点要求，自然地引入其他类别的智能的训练，也是提高学生学习语言的兴趣，全面健康发展的好途径。

目标：能听说认读有关比较级的词汇“longer, shorter, bigger, fatter, heavier, happier”并能归纳出形容词比较级加“er”的形式，能使用句型“… is …er than ….”

表5.2 多元智能理论指导下的小学英语新授课教学课型实例

<table>
<tr><th>教学事件</th><th>教学程序及方法</th><th>涉及多元智能及相关意图</th></tr>
<tr><td>引起注意</td><td>组织教学/热身活动:
游戏“Shooby, Dooby”:教师用笔在手心写上字母“S”并向学生迅速亮一下手中的字母,学生猜测是什么字母
导入新课:
教师:What words begin with “s”?
学生:short, song …
教师以同样方式呈现 “l”,学生:long, little …</td><td>在玩该游戏的过程中让学生熟悉本课中将出现的两只小猪的名字Shooby, Dooby 并部分呈现本课中将出现的形容词。</td></tr>
<tr><td>刺激回忆先决性能</td><td>学习新的语言项目:
教师在黑板上画出一长尺与一短尺
学生回忆并说出 Ruler1 is <u>long</u>. Ruler2 is <u>short.</u></td><td rowspan="4">从简笔画导入,比较级的出现释意准确,在难度上层层递进,在教学过程中慢慢地由点到面,由词到句舒展开,为下面的Story of Shooby and Dooby作好铺垫。</td></tr>
<tr><td>呈现刺激材料</td><td>教师在黑板上画出第三把尺,比Ruler1长比Ruler2短
学生学习longer,shorter和句型Ruler3 is longer than Ruler1. Ruler3 is shorter than Ruler2.</td></tr>
<tr><td>再次刺激回忆先决性能</td><td>教师在黑板上画出一个大圆和一个小圆,
学生回忆并说出:Ball 1 is big. Ball 2 is small.</td></tr>
<tr><td>呈现刺激材料</td><td>教师在第一个圆内画出第三个圆,
比Ball 1小比Ball 2大。
学生学习smaller,bigger和句型Ball 1 is smaller than Ball 2. Ball3 is smaller than Ball1.</td></tr>
</table>

续表

教学事件	教学程序及方法	涉及多元智能及相关意图
引出作业	听力练习 教师口头陈述如: Ball 1 is smaller than Ball 2. Ball3 is smaller than Ball1. 学生根据黑板所画和教师所说进行判断.	对空间智能比较好的学生,鼓励他们根据简笔画用想象的方式来判断、学习及记忆,容易激发学生的学习兴趣与热情,取得事半功倍的效果。
提供反馈	教师告诉学生他们的回答是否正确。	
再次呈现刺激材料	教师在黑板上加画一个天平, 球在天平上 学生学习heavier并学说: Ball1 and Ball 3 are heavier than Ball 2 and Ball 4.	
提供学习指导	比较形容词及其比较级,课件展示: 学生读好以上词语后,去除图片,只剩单词,学生试说比较级,并根据不同颜色的单词了解比较级三种形式: long longer big bigger happy happier strong stronger fat fatter funny funnier smart smarter thin thinner pretty prettier small smaller hot hotter heavy heavier	图片生动形象,图文结合,有助于学生对比较级的理解。 不同颜色的单词帮助学生对比较级的三种形式有初步了解。 去图片,去除干扰信息,加深对三类比较级变化规律的记忆。

续表

教学事件	教学程序及方法	涉及多元智能及相关意图
促进保持和迁移	操练、实践、巩固新的语言项目： 听指令做动作： 教师：If you are taller than your partner, stand up. If you can run faster than your partner, wave your arms…. 学生听音做动作。 教师将黑板上的图画稍做改动，添上几笔：  教师：There are 2 pigs. One named Shooby. One named Dooby. Can you say sth about Shooby and Dooby, using the sentence "… is _____er then …" 学生对子练习： Shooby is …er than Dooby./ Dooby is …er than Shooby.	运用全身反应法，使身体运动智能较强的学生能较好地参与、理解并运用比较级。 简单生动的简笔画，有童趣，且语言简单，学生乐说会说。 当单词只是作为一串字母的组合时，对于学生来说是没有意义的，可一旦放在具体的情境中，不仅激发了学生的学习兴趣，而且他们在掌握单词的同时也发展了语言智能。
引出作业	教师讲"Shooby and Dooby".的故事： 学生完成比较级的填空，并试着回答问题： Who is Shooby/Dooby? Who is stronger/ heavier/ prettier? Who is smarter? 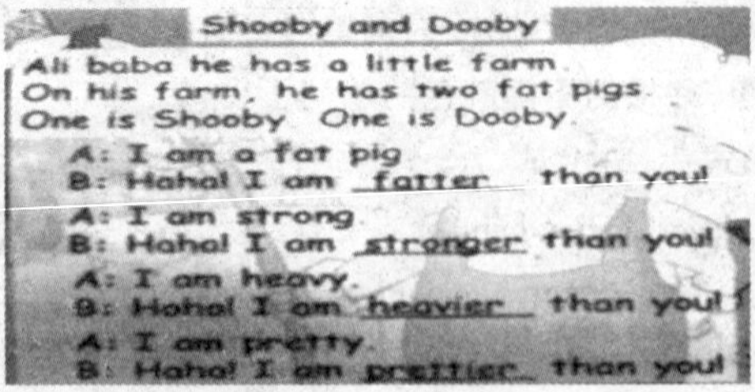 Shooby and Dooby Ali baba he has a little farm. On his farm, he has two fat pigs. One is Shooby. One is Dooby. A: I am a fat pig. B: Haha! I am fatter than you! A: I am strong. B: Haha! I am stronger than you! A: I am heavy. B: Haha! I am heavier than you! A: I am pretty. B: Haha! I am prettier than you! 学生表演此故事。	根据多元智能理论，培养和发展学生的优势智能也需要良好的同伴关系和群体的认可，在故事表演中，组内学生可进行分工合作：人际关系智能较强的学生可充当导演，空间智能较强的学生可设计制作道具充当剧务，演员则由那些在身体运动智能方面有潜质的学生担当。

续表

教学事件	教学程序及方法	涉及多元智能及相关意图
提供反馈 评估作业	教师就填空的正确性做出回答并出示正确答案。 教师就学生的表演进行评估，鉴定他们对比较级的掌握程度。	
促进保持 和迁移	布置作业，拓展教学 教师画班级里一男生的简笔画像，然后再将他20年后的画像画在旁边，职业是医生。 教师：Doctor Tom is ______ than Boy Tom. 学生比较Doctor Tom and Boy Tom： Doctor Tom is heavier/older than Boy Tom. Boy Tom is younger/thinner than Doctor Tom. 学生选择他们的同学作为题材，画像并比较他们的现在及未来。	将自己的现在与自己的将来对比，适合空间智能和自我认识智能较强的学生。以学生身边所熟悉的同学、老师为表达素材，学生乐于表达。

第三节　多元智能理论指导下的小学英语复习课教学课型

复习课即巩固知识的课，属于单一课型，这种课以复习巩固学过的知识为主要任务。通常用于学完一个单元教材之后或期终考试之前。教学程序一般是：组织教学；说明复习的要求和重点；教师采用适当方法启发、引导学生进行复习；拓展练习，进一步明确教材重点、难点和内在联系；布置作业。复习是该类课的主要成分。

复习课是小学英语常见的一种课堂教学类型，是巩固和发展知识、技能的重要课型，但上复习课的教师都有一个类似的感觉，那就是“复习课挺难上的”。因为复习课既不像新授课那样有新鲜感，也不像综合课那样生动有趣。复习的过程是帮学生回忆所学内容、强化记忆、强化理解、强化运用的过程。所以复习课担负着查漏补缺、系统整理以及巩固发展的重任。但是复习的有效性在平时的操作中没有引起足够的重视和深入的研究,许多复习课存在着这样一些特征:词汇学习,死记硬背;对话练习,支离破碎;完成习题,方式单一。上述复习课的特征的缺陷是明显的,这种机械记忆、单一的模式,必然令学生感到索然无趣,导致不能积极主动地学习。而《英语课程标准》明确指出,教师应创造性地设计贴近学生生活和兴趣的教学活动,吸引和组织他们积极参与,通过思考、讨论、交流、合作等方式学习和使用英语,提高用英语解决实际问题的能力,发展思维、想象力、审美情趣、艺术感受、协作、创新精神等综合素质。

复习课的教学结构一般是:组织教学;说明复习的要求和重点;教师采用适当方法启发、引导学生进行复习;拓展练习,进一步明确教材重点、难点和内在联系;布置作业。

如何设法促进学生积极主动地上好复习课,在多元智能指导下提高复习课的教学实效,下面以PEP Primary English Book 6 Recycle 2复习课教学为例来做一个多元智能的设计实例(表5.3)。

目标:能够用“riding”,“playing”将以前所学的动词短语串联起来有系统地复习掌握;能够用“ I’m ________ fast/ slowly.”这个句型复习表示快慢的动词及词组;能系统地复习I’m/You’re/He’s/She’s/It’s/They’re doing sth.并熟练地用它们进行口头交际;能通过各种竞赛及游戏活动,较全面地复习以前所学的动词或动词词组的一般现在时态。

表5.3　多元智能理论指导下的小学英语复习课教学设计实例

<table>
<tr><th>教学事件</th><th>教学程序及方法</th><th>涉及多元智能及
相关意图</th></tr>
<tr><td>引起注意</td><td>组织教学/热身活动：Daily talk
<table><tr><td>500</td><td>400</td><td>300</td><td>200</td><td>100</td></tr><tr><td>500</td><td>400</td><td>300</td><td>200</td><td>100</td></tr></table>
学生选择贴在黑板上的卡片，教师根据卡片后的题目问学生，学生回答或表演出了相关内容则为他们所在的合作组获得卡上的分数，回答错误或表演错误则不加分，最后累计各合作组的得分，评出优胜组。
题目分别为
500：What am I doing? (You're doing morning exercises.)
500：What am I doing? (You're listening to music.)
400：Can you read? (collecting stamps)
400：Can you read? (watching insects)
300：Can you do? (You're reading a book.)
300：Can you do? (You're doing the dishes.)
200：Perform "running".
200：Perform "swimming".
100：What's your name?
100： How old are you?</td><td>"Daily talk"以积分卡竞赛开始，在复习旧知的同时进行小竞赛，特别适合那些语言智能、身体运动智能、人际关系智能和空间智能较强的学生。同学们或是回答问题，或是听命令做动作，或是认读较难的动词词组，或是看教师的表演猜动作，让课堂一开始就很快充满了英语气氛。这有利于发挥情感的调节和保健的作用，优化学生认知加工的积极性和效率。</td></tr>
</table>

续表

<table>
<tr><th>教学事件</th><th>教学程序及方法</th><th>涉及多元智能及
相关意图</th></tr>
<tr><td>告知学生目标</td><td>说明本节课复习的要求和要点</td><td rowspan="4">五下年级的学生已经掌握了大量的动词及动词短语，如何在这一堂课有限的40分钟内对庞杂的知识要点进行系统的归纳总结是个难点。本课将所要复习的知识要点系统地进行组织，用“riding”，“playing”将以前所学的动词短语串联起来复习，如 riding a horse/ bike, playing basketball/ football/ baseball, playing the violin/ piano, 等等。用“I’m ________ fast/ slowly.”这个句型复习 running, swimming, jumping, flying, 等能表示快慢的动词及词组。</td></tr>
<tr><td>刺激回忆先决技能</td><td>采用适当方法启发引导学生进行复习：
猜谜游戏：几个学生选择教师提供的相关卡片，表演出上面所画的动作，其他同学猜测。</td></tr>
<tr><td>呈现刺激材料</td><td>教师分别表演骑马、骑车的动作，并自问自答：What am I doing? I’m riding. I’m riding a horse/bike.
学生学说相关单词和句子。</td></tr>
<tr><td>提供学习指导</td><td>教师分别表演骑马、骑车很快、很慢的样子，并说：I’m riding fast/ slowly.
学生使用下列句型造句并表演：I’m ________fast/ slowly.
S1:I’m running fast.
S2: I’m walking slowly.
S3: I’m drinking water slowly. ……</td></tr>
</table>

续表

教学事件	教学程序及方法	涉及多元智能及相关意图
再次呈现刺激材料并提供学习指导	捕风捉影游戏：课件展示几幅模糊的图像，学生猜好后点击该图片，图片变得清晰。  	本课设计了不少生动有趣的游戏与活动以使具有不同智能强项的学生能选择适合自己的活动促进对学习内容的理解和运用，如：“捕风捉影”游戏有利于空间智能较强的学生学习；“做做演演”有利于身体-动觉智能较强的学生参与学习。
促进保持和迁移	**拓展练习，进一步明确教材重点、难点和内在联系：** Bingo游戏：学生熟悉九宫格的内容后，即可在同桌或四人小组内玩此游戏，一方描述图片内容，另外几人将听到的图片用线划掉，当划掉的三幅图成一条竖线、横线或斜线时，先划好的同学大叫“Bingo!”表示胜利。每次游戏结束可以变换图片重玩，增加随机性和趣味性。  图板游戏： 	Bingo游戏适合数学逻辑智能和空间智能较强的学生学习。 图板游戏：适合空间智能较强的学生学习。可以两人至多人玩耍，一方面，学生们在交谈、讨论游戏规则、掷骰子、说笑；而另一方面，他们在致力于学习游戏目标所要求的技能和主题——即各类关于动词词汇的复习。

续表

教学事件	教学程序及方法	涉及多元智能及相关意图
引出作业	**布置作业：** 任务型活动——制作家庭相册。 教师出示家庭影集并介绍：I like taking pictures. Look, this is my album. He's…. She's…. 学生制作一本家庭相册，并在每张相片下写下一句至几句英文介绍。完成此项任务型活动，图片可以是照片也可以自己绘画、剪贴。介绍语言包括动词词组以及家人朋友的外形、性格、爱好等。 下节课进行交流、介绍、评价及展示。	任务型活动以学生生活经历和兴趣为出发点，培养学生动手、动脑、动手能力。有利于自我认识智能(反思家人性格等)、空间智能、身体运动智能、人际关系智能等较强的学生利用智能强项学习、交流语言。
提供反馈评价作业		

第四节　多元智能理论指导下的小学英语练习课教学课型

练习课即培养技能的课，属于单一课型，这种类型的课以训练技能、技巧为主要任务。通过练习，使学生学会运用所学知识，形成技能、技巧，包括智力技能和动作技能。其教学程序一般为：组织教学；说明练习或实习的目的要求；讲解示范说明有关练习活动的方法；学生进行练习活动；

教师小结反馈，指出注意点；布置作业。此类课大部分时间用于练习或操作。

英语练习作为课堂教学的一种形式，以训练技能、技巧为主要任务，通过练习，使学生学会运用所学知识，形成技能、技巧，包括智力技能和动作技能。由于小学英语教学目标以听说为主，所以在多元智能理论指导下的练习课，形式多样，内容丰富，不是单一的习题练习，这就能够为教师更好地实现教育教学目标提供实践场所和环境，更有利于发挥学生特长，开阔学生的视野，拓宽学生的知识面，提高学生的智能，促进学生的全面发展。

在多元智能指导下的练习课要注重知识的趣味性和实践性，让有才华的学生有展示自己的场所，让他们体验到学英语的乐趣，感受到所学知识的使用价值。练习活动的设计是转变教学方式的关键。

练习课的教学结构一般为：组织教学；说明练习的目的要求；讲解示范说明有关练习活动的方法；学生进行练习活动；教师小结反馈，指出注意点；布置作业。

下面以PEP Primary English Book 4 Unit 4 It's Warm Today!的教学为例来做一个多元智能的练习课教学设计(表5.4)。

目标：能够熟练使用词汇 sunny, windy, snowy, rainy, cloudy 和句型 "What's the weather like in London?" 谈论天气情况。知道家乡和一些主要城市名称的英文表述形式，能为天气预报配音，做一名小小天气预报员。

表5.4 多元智能理论指导下的小学英语练习课教学设计实例

教学事件	教学程序及方法	涉及多元智能及相关意图
引起注意	组织教学/热身活动: Chant and act. 学生边朗诵歌谣边表演动作。 It's warm today! Take off your jacket. It's hot today! Put on your T-shirt! It's cool today! Put on your sweater! It's cold today! Put on your coat!	此歌谣简单易记又便于表演,能让学生的注意力很快集中到英语学习中,同时为新课中天气的学习打好基础。
告之学生目标	说明本节练习课的目的要求	
刺激回忆先决技能	播放录音,学生听录音,在世界地图上指出相关城市并跟读。	
呈现刺激材料	猜谜游戏:教师画天气图标简笔画,看哪些学生在最短时间能猜出教师画的是什么天气。  sunny rainy snowy cloudy windy 游戏:看词画图。 教师出示天气单词卡片,学生画出相应的天气预报符号(可使用简洁的画法,也可以是自己喜欢的画法)。 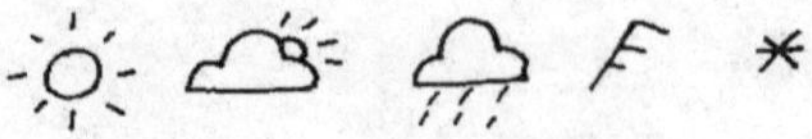	天气图标除了比较标准的画法,教师还可以使用卡通简笔画,抓住主要特征传达直观信息,有助于空间智能强的学生的形象识记。将图像与文字结合识记,增强记忆效果。

续表

教学事件	教学程序及方法	涉及多元智能及相关意图
提供学习指导	讲解示范说明有关练习活动方法，学生进行练习和活动： 转盘游戏：教师出示一个转盘，上有两个指针，有相关的天气图标和两个代表温度高、低的温度计，转动指针，让学生猜测有关的内容。猜测时使用的句型为“What's the weather like? It's sunny. It's hot.” 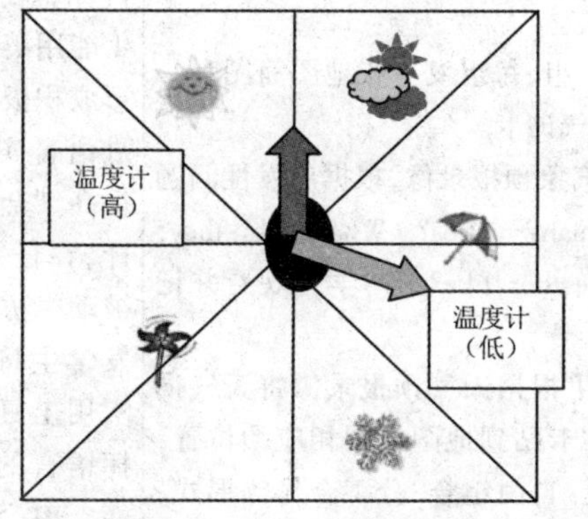 节奏对歌比赛： 利用天气词卡和城市名称卡片。学生头戴城市标志，手持天气词卡，随着节拍问：What's the weather like in London? 头戴该标志的学生手举卡片回答It's rainy in London.并转问其他人。接不上话或跟不上节拍的学生被淘汰，坚持最久的学生获胜。或者双方学生各持5个筹码、一套天气词卡和一套城市名称卡片，每次任意抽取一组搭配成句型It's rainy in London.由对方猜这句话的真假，猜中了得一个筹码，猜错则失掉一个筹码。5个回合后，筹码多的一方获胜。	在游戏中可能天气和温度刚好符合，也可能不太符合，让学生在有趣的猜测中熟悉句型，为下面的学习难点 What's the weather like in London? It's rainy in London.作铺垫。 针对小学生娱乐需要比较强烈的特点，把练习材料以游戏化的活动形式呈现，小学生天性乐于参与游戏活动。如果将知识融于各类活动之中，让学生在情趣盎然的活动中练习所学的知识，效果是非常好的。

续表

教学事件	教学程序及方法	涉及多元智能及相关意图
提供反馈	教师小结、反馈,指出练习活动注意点。	
引出作业	布置作业: 任务活动:Golden Microphone. 金话筒 1. 教师事先根据本课Let's learn部分的地图画一幅简图,但不标出城市名称和天气情况。将简图复印几分,以便活动时每小组一份。 2. 把主要城市名称和天气词汇做成小卡片,每小组一套。 3. 学生4人一组,每组发一张地图简图和一套城市卡与天气词卡。 4. 播放一段气象预报录像,根据启发性问题(如:How many cities? What are they? What's the weather like? 等)学生观看并记录关键字词。 5. 小组内学生根据天气预报录像将天气词卡和城市名称卡贴到地图简图相应的位置,采用集体讨论、自由组合、分工合作等形式,完成预报天气的任务。 6. 将贴好的图贴在黑板上,现场表演"小小天气预报员"。	本练习课设计尤其重视任务型的活动设计,让学生在教师的指导下,通过感知、体验、实践、参与和合作等方式,实现任务的目标,感受成功,强调学生能用英语做事情,从而形成积极的学习态度,促进语言实际运用能力的提高。"金话筒"的活动设计,在任务的驱动下,变被动模仿为主动学习,激发学生将所学知识变为实用工具,大胆创新,发挥语言的实用性和灵活性。整个活动涉及多种智能的运用。
提供反馈 评价作业	评出最佳小组获得金话筒奖。	

以上是小学常用的课的类型和教学程序的概述。值得注意的是,上面所说的只是各种课型及其教学程序的一般情况,落实到每一节课,应结合各年级学生年龄特征、学习情况而具体安排。课的类型和程序,不是为了规定一个固定的模式来限制教师的创造性工作,而是为了给教师提供这方面的理论知识,帮助教师结合自己施教的具体情况去创造性地设计一节课。

第六章　基于多元智能开发的小学英语教学评价变革

教学评价是根据一定的教学目标，运用可操作的科学手段，通过系统地搜索信息、资料，分析、整理，对教学活动、教学过程和教学结果、教学价值进行判断，从而为不断完善自我和教育决策提供可靠信息的过程。评价具有诊断功能、改进与形成性功能、鉴定功能、激励功能和导向功能。[①]因而，建立符合时代发展要求和素质教育思想的开放发展、灵活多样的评价机制，是全面推进素质教育的至关重要的环节。评价应该既重视学生在评价中的个性化反映方式，又倡导让学生在评价中学会合作；应该重视评价的真实性、情景性。

"在多元智能的教室里，评价和教学是真正的伙伴关系。"[②]"与传统的评价方式不同，学生不是坐在自己的座位上填一些自己头脑里早已滚瓜烂熟的答案，而是通过多种方式来寻求问题的答案。他们时而独立思考，时而与他人合作，时而运用信息技术。总之，在教室里他们就如同在现实生活中的办公室、工厂以及实验室里一样学习。"[③]

借鉴多元智能理论成果和西方教育评价观念，在小学英语教学要求的多元的灵活多样的教育评价体系时，应强调评价方式的情景化和多元化、

① 袁振国．当代教育学[M]．北京：教育科学出版社，1999：272，273．

② [美] J．贝兰卡，C．查普曼，E．斯沃茨著，夏惠贤等译．多元智能与多元评价：运用评价促进学生发展[M]．北京：中国轻工业出版社，2004：21．

③ [美] 琳达·坎贝尔，布鲁斯·坎贝尔，迪金森著，霍力岩、沙莉等译．多元智力教与学的策略[M]．北京：中国轻工业出版社，2004：326．

评价参与者的多元化和评价内容的多元化,全面真实地评价学生的潜能、学业成就,以提供教学改进的信息,促进学生的发展。

小学英语评价的情景化,就是要设计与学习过程相一致的情景化评价,它要求将评价建立在真实的活动基础上,倡导构建情景化的评价,旨在通过情景化的评价激发智能。小学英语评价的多元化,可以通过观察、记录、让学生完成作品、团体合作、实验、表演、口头演说等多种方式进行。不是从单一的测试背景中,而是从更为广泛的情景中收集信息。多元化评价所使用的方法多种多样,对学生的评价是从多个方面综合进行的,在学生进行有意义的专题和活动时,尽量促使他们展示各自的能力。

第一节　基于多元智能开发的小学英语教学评价的原则

根据当前评价方式发展的主要趋势以及多元智能的指导,结合学生实际,小学英语评价可以以下三点作为评价的主要原则:

评价主体的多元化原则:英语新课程标准明确指出,评价改革旨在建立促进学生全面发展的多元化评价体系。评价要有利于学生多元化的发展;要注重形成性评价与终结性评价的结合与平衡;评价的一个重要原则是激励性原则,对学生的评价要重激励、重发展、重能力。评价体系要有助于学生增强英语学习的信心,要有助于学生监控、调整自己的学习目标和学习策略。传统的考试与评分往往局限于认知领域,不能全面反映出学生各方面的发展状况。而基于多元智能开发的小学英语教学的评价体系要求对学生在各种多元智能指导下的听、说、读、写能力在不同阶段的体现应有所侧重,对英语学习态度、兴趣、习惯以及学生的实践能力、创造能力等多方面做出评价。通过多样性的评价活动对学生进行学业评价,评价的形式有学生自评、小组互评、教师评价和家长评价等,使用等级制进行评价。

在引导学生自我评价和同伴互评的过程中，要引导学生积极参与，英语教学不同于其他科目，作为一门语言，学生有较多的听说活动，基于多元智能开发的小学英语教学的评价体系要改变以往学生说、教师评的单一评定方式，教师引导学生相互评价，在对他人的语音、语调和语言条理性进行评价的过程中明确是非标准，同时使学生养成认真对待他人批评意见、开展自我批评的习惯与意识，学会以公正、同情和关心的态度去评价同伴的学习质量，最终学会自我评价。自我评价在本质上是一种自我学习或自我教育。苏霍姆林斯基曾说过"只有能够激发学生去进行自我教育，才是真正的教育。"

评价方法的个性化原则：根据多元智能理论，每个学生由于遗传素质、社会环境、家庭条件和生活经历的不同，形成了独特的个性，他们在兴趣、爱好、动机、需要、气质、性格、智能和特长等方面存在较大的差异，用统一标准来评价所有学生显然是不科学的。因此，我们必须建立个性化的评价体系，实施个性化教学的评价策略。每个人身上的智能表现都是不一样的，比如身体运动智能、人际关系智能、自然观察者智能相对较强，但语言智能、数学逻辑智能等相对较弱。所以我们要对学生进行灵活、弹性化的评价。由于个体差异的存在，有些同学的语言智能发展或其他智能不及他人，基于多元智能开发的小学英语教学的评价体系对于暂不能达到要求的学生，教师可采用"延时评分""重新评分"来取代传统的一次性评分，在适度范围内提供学生略长的操练时间，允许学生有纠错的机会，增加学生成功的可能性。这种允许学生犯错和改错的评分方式，是一种对学生真正具有教育性和发展性的个性化评价。同时也可采用多种趣味性较强的评价方式对具有不同智能特长的学生学习进行评价，给学生的智能评价要尽量涵盖每一项智能，突出体现对学生英语学习个性特长的评价，起到激励的作用。

评价过程的情景化原则：依据多元智能理论，智能是一个人在现实生活情境中搜集信息、处理信息和创造性地解决问题的能力，评价其实要能够反映学生在这种情境中解决、处理问题的能力。要真实有效地展现这种能力，评价时就要创设一种实际或者模拟的情景。也就是说，多元智能理论所强调的评价是一种与学习过程相一致的情景化的评价，它要求将评价建立在真实世界的活动基础上，倡导构建情景化的评价，旨在通过情景化的评价激发学生各项智能。比如在课堂教学和课外教学中，提供给学生不同形式的主题实践活动作业，通过这些英语实践作业完成情况，对学生进行评价。评价级别可以是等级制的，也可以是描述性的。如 A，B，C；E(Excellent)，G(Good)，O(OK)，T(Try hard)；笑脸和哭脸等。评价工具有评价表、学习档案袋、自评表、小组合作评价表、家长评价表等。(见附录)

第二节　基于多元智能开发的小学英语教学评价的方式

基于多元智能开发的小学英语教学评价的方式，要改变只重视语言智能的单一的评价方式，要采用多元的方法和方式，将形成性评价和终结性评价结合起来，把多元智能与学生的口语、听力、读写评价结合起来，使评价具有多样性和可选择性。

1.语言智能与英语教学评价

针对以上教学评价，语言智能在小学英语教学中的评价项目可以制定为：对英语故事的喜好与理解度；在不同的文化背景下，运用合适的英语与人沟通的能力；用英语进行模仿的能力；英语口语表达条理度；英语词汇的掌握情况；阅读英文报刊的喜好与理解度；流畅朗读课文的能力；拼字、猜谜语等英文游戏的完成情况；英文写作或讲故事的能力；英语新知识的接受能力等。

基于语言智能的小学英语教学评价方式有：讲英语故事，英语配音，英语辩论，朗读课文，阅读文章回答问题，阅读文章填空，英语访谈，主题写作等。如学习了My school这个话题，可以设计阅读文章填空以评价学生以语言智能为主的英语学习情况：Look! This is my small school. There are only six classrooms. In my class, there are ________ boys and twenty girls. This is our ________ Mr Brown. He's playing the piano. Look at the girl in a red ________! She is my sister Jenny. My best friend Tina is standing next to the big ________ and her sister Judy is ________ in the playground. 学习了过去时态后，可以设计主题写作来评价学生：Write about your last weekend in no less than five sentences. You may write about the following things: Where did you go last weekend? What was the weather like? How did you get there? Who did you go with? What did you do there? What did you eat? When did you get back?

主题写作的完成可以设计如下评价标准：能够按照提示写出5句(或以上)的语句通顺、符合逻辑，没有拼写错误的文章为优秀等级；能够按照提示写出5句语句较为通顺的句子，有2-3处语法或单词拼写错误的为良好等级；能够按照提示写出4-5句与主题相关的句子，有4-5处语法或单词拼写错误的为合格等级；写出3句以下，有较多语法错误和拼写错误的为待评。

2. 数学逻辑智能与英语教学评价

数学逻辑智能在小学英语教学中的评价项目有：数理、逻辑有关的英语项目活动；在英语阅读文本或数据之间寻找模式或关系；与数学、物理结合的英语CLIL课程活动情况；涉及科学知识的英语活动；将英语相关知识归类、分组或数据化。

基于数学逻辑智能的评价方式：设计各种图表，提出英语故事或阅读文本中的问题，用英文写计划时间表，在英文辩论中用演绎法或归纳法论证问题，理解并运用块状图表、韦恩图等活动。如学习了Fruit话题后，可设计组内或全班调查，让学生完成柱状图表并进行分析和统计完成填空（图6.1）：

Ask and answer, Draw the graph. Which fruit do you like?

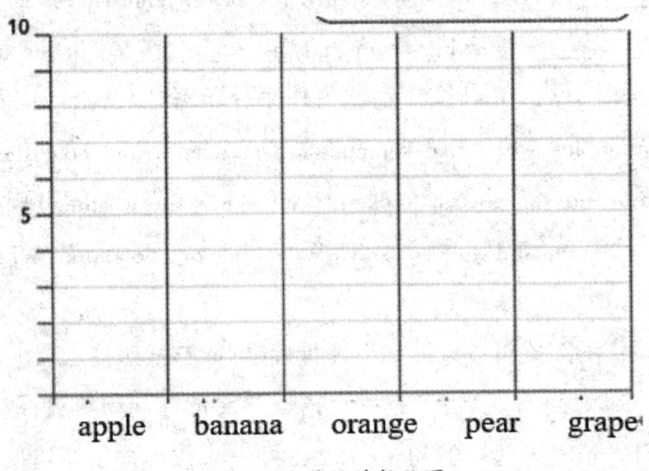

图6.1　水果统计柱状图

Answer the questions:

How many children like apples? ________________

How many children like bananas? ________________

How many children like oranges? ________________

How many children like pears? ________________

How many children like grapes? ________________

又如学习了Food话题后，可以使用韦恩图（图6.2），让学生了解不同的事物群组之间的数学或逻辑联系，并进行数据统计：

Find, draw and write.

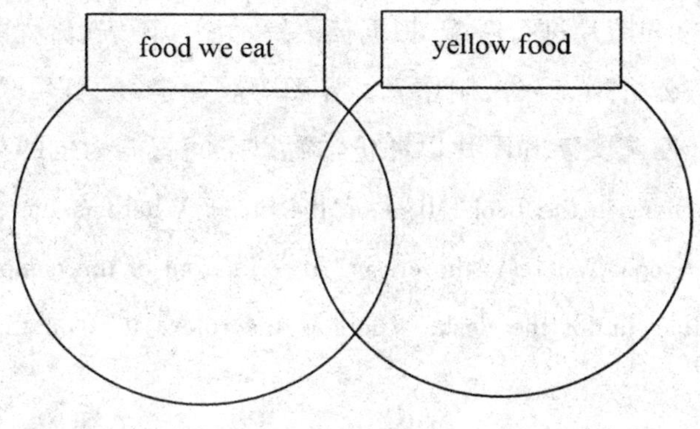

图6.2　食物韦恩图

Write about your Venn diagram.

There are ____________ yellow food.

There are ____________ food we eat.

There are ____________ yellow food we eat.

柱状图或韦恩图的完成可以设计如下评价标准：能正确在班级内调查数据或完成分类集合图，并能正确完成数据统计的为优秀；能在班级内调查数据或完成分类集合图，完成数据统计，错误率在75%以内的为良好；能基本完成调查数据或分类集合图，基本完成数据统计，错误率在50%以内的为合格；无法完成班级数据调查或分类集合图，数据统计基本错误的，为待评。

3. 空间智能与英语教学评价

空间智能在小学英语教学中的评价项目有：听音或阅读涂画；玩英语拼图、走迷宫、折纸、制作模型等与形状有关的游戏或活动；看地图或图表解读英语文本；对颜色、形状、风景事物、外貌等进行辨别并用英文进行表达；在英文指令下画出人或事物的比例、方向和位置；通过视觉图像理解英语等。

基于空间智能的评价方式：根据听音内容画画或涂色，根据听音内容把相关的文字和图片进行匹配，根据英语提示制作图表、流程图、地图，设计英文海报、公告栏、广告，制作思维导图等。如学习了学习用品这个话题，可以听音匹配文字和图片以评价学生以空间智能为主的英语学习情况(图 6.3)：Where is the book? It's on the chair. Where is the pencil? It's next to the crayons. Where is the eraser? It's in front of the computer. Where is the pen? It's under the desk. Where is the ruler? It's on the top of the shelf.

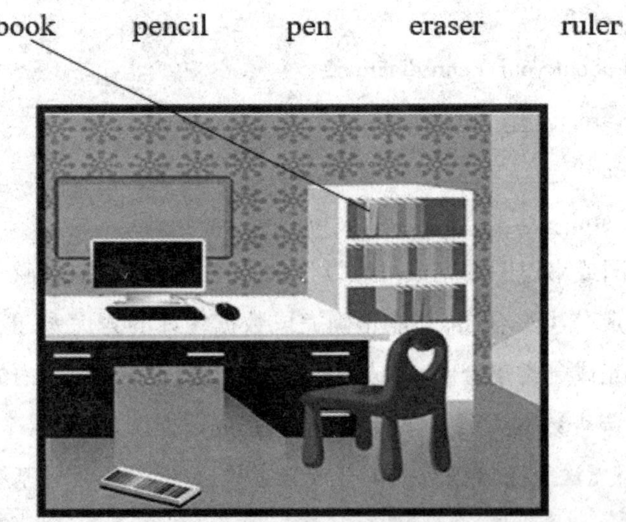

图 6.3　听音匹配图文

学习了城市建筑话题，可以听音画建筑方位(表 6.1)：The bus station is between the supermarket and the sports centre. The supermarket is opposite the cinema. The library is next to the cimema. The library is in front of the bus station.

表6.1 听音画建筑

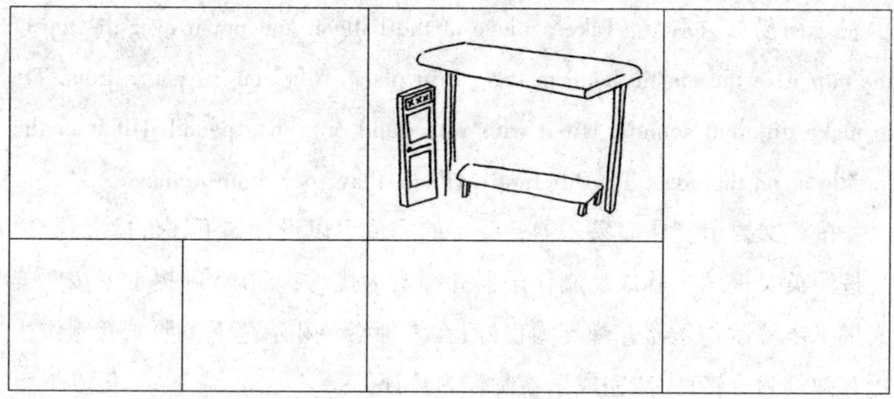

听音画建筑的完成可以设计如下评价标准：能正确画出5个建筑的位置为优秀；能正确画出4个建筑的位置为良好；能正确画出3个建筑的位置为合格；画出2个及以下的建筑物为待评。

4. 音乐智能与英语教学评价

音乐智能在小学英语教学中的评价项目有：唱英文歌曲；朗诵英语歌谣；配合英语歌曲用肢体或乐器即兴舞蹈或伴奏；自己或小组创编英文歌曲或歌谣等。

基于音乐智能的评价方式：用唱歌解释某一英语话题，为英语主题演讲选择背景音乐，利用音乐提高英语学习效率，收集关于某话题的歌曲并呈现出来，为一首英文歌曲创编新的结尾，听一段音乐匹配相应的物品或天气，按照英文提示制作简单的乐器并进行弹奏等。如学习了weather的话题，可以设计听音乐匹配天气以评价学生以音乐智能为主的英语学习情况：节选自Smetana – My Fatherland: Bohemian Fields and Groves匹配刮风，节选自Richard Strauss – Also Sprach Zarathustra匹配闪电，节选自Debussy – Estampes: Jardins sous la pluie匹配下雨，节选自J Strauss Jr – Waltz Op. 410 Voices of Spring匹配晴天等。学习打击乐话题后听音辨别是哪种器乐发出的声音:鼓、镲、锣、沙锤、三角铁、木琴、编钟等。再如按提示制作简易鼓并弹奏:Take a piece of the balloon and put it over the top of the cup. Use the elastic band to keep it in place. Now you've got a drum. Try to make different sounds. Hit it with your hand or with a pencil. Hit it in the middle or on the edge. Try different rhythms. Play your drum to music.

按英文提示制作简易乐器并弹奏的完成可以设计如下评价标准:能独立按照英文提示步骤成功制作乐器并弹奏为优秀;能在教师提示下按照英文提示步骤制作乐器并弹奏为良好;在教师指导和示范下按照步骤制作乐器并弹奏为合格;无法完成乐器制作为待评。

5. 身体运动智能与英语教学评价

身体运动智能在小学英语教学中的评价项目有:根据所听指令进行动作模仿(miming);在活动或交流中用肢体动作配合语言的表达情况;在英语故事表演中模仿、表现故事人物形象的能力;在英语指令下的手工制作等。

基于身体运动智能的评价方式:英语故事或戏剧表演,用动作解释英语词汇或场景,按英语提示制作模型,使用手工材料制作物品并用英文说明等。如学习26个字母后,能用身体或手势展示26个字母的形状。学好球类运动话题后,按提示制作一只球并玩耍:Cut the necks off all the balloons. Put the salt or sand into the first balloon. Open the second balloon and put your ball inside it. Put it over the neck of the first balloon. Open the third balloon and put your ball inside it. Repeat with the fourth balloon. Put the last balloon over the ball. Now you're ready to play. 学习运动话题后,根据英语提示把相关运动通过动作表现出来以评价学生以身体运动智能为主的英语学习情况:They've got a small boat. They're sitting on the boat. What are they doing? (Sailing) They've got T-shirts and trousers. And they've got bikes. What are they doing? (Riding bikes) They're jumping. They've got a big orange ball. What are they doing? (Playing basketball) They've got a small white ball and yellow T-shirts. What are they doing? (Playing table-tennis) They're wearing black trousers, and T-shirts. They've got horses. What are they doing? (Riding horses).

根据英语提示通过动作表现可以设计如下评价标准:能根据提示正确做出5种运动动作的为优秀;能根据提示正确做出4种运动动作的为良好;能根据提示正确做出3种运动动作的为合格;做出2种及以下运动动作的为待评。

6.人际关系智能与英语教学评价

人际关系智能在小学英语教学中的评价项目有:小组或同伴共同完成一个英语活动或项目;在合作中与他人用英语交流的情况;在教师创设的不同情境中使用合适的英语与他人交流的情况;在合作中用不同的方法(眼神、语言、身体)与人沟通的情况等。

基于人际关系智能的评价方式:在英语主题谈论中发表不同的观点,同伴合作中交流问题解决方式,在小组合作中的用英语完成任务,合作制定英文版的班级课堂常规或学习常规等。如制定班级常规,在学生的合作交流中评价以人际关系智能为主的英语学习情况 Listen when your teacher is talking. Follow directions quickly. Respect others. Respect yourself. Respect your school. Raise your hand to speak to the class. Be safe. Be kind. Be honest. 又如在 Round table 的活动中,以小组为单位按组员顺序头脑风暴在纸上书写相关话题下的英文单词或句子的表达,最后变成段落或篇章的完整表达,每个学生在小组内的参与及完成情况。

根据小组交流、完成任务情况可以设计如下评价标准:明确地亲自称赞同伴、说三句或三句以上鼓励同伴的话、适当地微笑与肢体鼓励为优秀;明确地表扬同伴、说两句鼓励同伴的话、微笑及其他示好行为为良好;表扬不明确、说一句鼓励同伴的话、点头并微笑为合格;很少表扬同伴、以自我为中心为待评。

7. 自我认识智能与英语教学评价

自我认识智能在小学英语教学中的评价项目有：在英语活动中准确表达自己感觉的能力；自我评价的能力；在不同英语情境中做出相应行为的情况；自我反省的能力；独立完成英语活动、计划和分配时间的情况等。

基于自我认识智能的评价方式：学生为自己制定一个英语学习目标并实现这个目标，用英文描述对某件事的感觉，学习完某个主题后表达自己的这个主题的观点，用英文描述或评价自己的阶段学习，针对同伴或教师对自己的评价的反思或反馈等。如学习了Let's party话题后从这几方面对自己的评价：I can say more food and container words. I can talk about things I want someone to do. I can talk about parties. 在学习At the zoo话题后从这几方面对自己进行评价：I can say more verbs in the past. I can talk about animals at the zoo. I can talk about the biggest, the best and the tallest things. 评价等级可以是Excellent, Good, Try hard等。

表6.2 自我评价可以设计如下评价标准

自评项目	 (大笑脸)	 (笑脸)	 (苦笑脸)
喜欢上这个主题的英语课吗?			
认真完成老师布置的任务吗?			
在小组活动中积极参与吗?			
上课认真听讲吗?			
上课积极举手发言了吗?			
回答问题声音响亮吗?			
主动参与课文表演了吗?			

续表

自 评 项 目			
上课圈记重难点了吗?			
喜欢唱英文儿童歌曲吗?			
每天听英语磁带吗?			
喜欢读简单的英语歌谣吗?			
喜欢做英语游戏吗?			
喜欢听老师讲英语故事吗?			
努力记忆单词了吗?			
有说英语给父母听的愿望吗?			
喜欢看英语儿童节目吗?			

学生自我评价表主要是学生填写对自己的学习策略、努力程度和学习效果等方面的评价。学生可以从课堂活动、学习过程、学习态度、学习策略等方面对自己的学习状况进行评价。这样他们能经常反思自己在学习过程中碰到的难点和不足之处,帮助他们了解自己的问题和进步,从而也可以开发和培养他们自我认识智能,增强他们对自我的认识。

8. 自然观察者智能与英语教学评价

自然观察者智能在小学英语教学中的评价项目有:与动植物结合的英语CLIL课程活动情况;遵循英语指导步骤下的饲养动物或培植花草情况;参与野外英语夏令营等活动情况;阅读与自然有关的图片及书刊喜好及理解度;用英语进行环境保护的宣传等。

基于自然观察者智能的评价方式:阅读英语文本并进行分类,写英文观察日志,能用英文说明两种事物之间的关系,用英文描述物体的具体特征，参加户外旅行并写考察报告，如学习了A day in the country的话题后，可以让学生用简单的英文描述自然界以评价自然观察者智能为主的学习情况，如Grass: This is on the ground. It's green and sheep eat it. A forest: This is the name for a lot of trees in the countryside. A lake: You can swim or sail a boat here. A field: You can see horses or cows here in the countryside. A leaf: This is part of a plant or a tree. It's often small and green. 学习plant这个话题，可以让学生给能食用的植物分类，哪些植物食用根部，哪些食用种子，哪些食用叶子，哪些食用果实（表6.3）。

表6.3 分类

pea	orange	lettuce	potato	sunflower
carrot	pear	apple	cabbage	spinach

Roots	Seeds	Leaves	Fruit
potato			

根据给能食用的植物分类完成情况可以设计如下评价标准：所有的植物都能正确分入所属的根、种子、叶、果实为优秀；归类正确8-10个为良好；归类正确5-7个为合格；归类正确4个及以下为待评。

基于多元智能的小学英语评价一定要注意评价的形式和内容要与学生的实际生活息息相关，要针对拥有不同智能特点的学生设计不同形式的评价题。除了阶段性评价，还可以把评价放在课堂教学时进行，把评价变成一种学习、一种合作、一种展示,从而起到激励的作用。比如我们可以使用学习档案评价,为学生建立成长档案,通过对学生长期稳定的记录情况做出相关的评价。英语学习档案是每位学生在英语学习过程中所做的努力,取得的进步以及反映学习成果的集合体。它为学生的发展性评价提供了真实可靠的依据,有助于我们进行针对不同智能孩子的个性化评价,及时给予学生必要的鼓励,适时运行激励机制,增强学生自信心,从而促进学生取得更大进步。

英语学习档案评价是一个具有可操作性的形成性评价手段。学习档案是学生学习成果和学习进步过程的窗口,呈现了学生的努力与成就,反映了学生随时间而成长的历程,而这些成长体现在各个方面,如学业的进步、智能的发展以及个性的完善等。通常,它以一个文件夹的形式收藏每个学生具有代表性的学习成果(作业、作品),不仅有助于教师了解每个学生的真实情况,而且也使得学生有机会反省自己的学习,成为积极主动的自我评价者。同时由于每个学生的成长和发展经历都是不同的,学习档案就体现出个性化的评价,师生就可以据此就关于学生个人成长的问题进行沟通与交流,提供个性化的指导。学习档案也为老师、家长和其他人提供了学生进步的记录。档案袋评价能够充分地实现评价主体、评价方法和评价标准多元化,并具有很强的可操作性。档案袋评价具有很好的包容性,它将测试性评价和非测试性评价有机地结合起来,实现对学生学习情况的动态把握,并能有效地培养学生的反思能力和社会技能,"学生成长记录袋"的评价以学生自评、互评为主,老师、家长参评为辅;以激励性评价、形成性评价和发展性评价为主;以突出学生的个性,发掘学生的潜能为主。在档案夹中可放入相关材料如:① 我们在测查后获得的学生各方面的调查表,包括学生的兴趣、性格、家庭背景、学习风格、学习偏好以及多元智能中的优势智能种类等等;②平时学习态度记录表,包括课堂回答问题、单词小测、天天读等情况反馈表。此类表格可由小组长负责填写;③作业样本,由学生自评为最优的两本作业本在期中和期末放入档案夹。④写作作品集锦,按时间顺序,将一些比较正规的,连带有教师评语的小作文放入,若有投稿作品也一并放入;⑤学习反思,定期给学生自评,互评的机会,并让他们将相关书面材料放入。

除了自制英语档案夹外,教师也可以利用多媒体为每一位学生建立电子成长档案表,用以记录学生各方面的情况,为学生提供发展性评价依据,还可以记录教师对学生的认识、思考以及所作的教学调整、教学效果。随着教学的展开,教师对学生的认知会越来越丰富,可以不断充实学生的成长档案。

第三节　基于多元智能开发的小学英语教学评价的范例

下面以一个英语游园会为例来展示一个多元智能指导下的小学英语游园活动(表6.4)及教学评价设计(表6.5)。

活动目的:落实新课程标准的评价理念,提高学生综合口语交际能力,探索适合小学生年龄特点和小学英语教学实践终结性评价的方法。

参加对象:学习PEP五年级上册的全体学生

活动内容:以参观学校为情景,检测PEP五年级上册Unit 1—Unit 3的内容。

评价准备:每人准备自己的姓名卡片,挂在胸前;每人准备一张课程表(可以按自己的意愿设计);设计一份一周菜谱,体现个人的爱好和食品的合理搭配;准备自己喜欢的教师的照片和图片。

评价办法:每个活动环节的评价者把参观者在本活动中的表现情况写在评价记录表上,教师根据记录表上各项活动成绩的累积作为评定学生业绩的依据。

活动步骤:

表6.4　游园活动设计表

Steps	Location	Activities	Organizer
Step 1: Greetings and warming-up	On the play-ground	Chant and sing	Miss Wu
Step 2: Visit the school	In the teacher's office	Talk about the teachers. Communicate with "Who's your … teacher? Mr./Miss … Who's that woman/man? What's he/she like? Is he/she …? He's/She's …."	Helen
	In the classroom	Talk about school days. Communicate with "What day is it today? It's …. What do you do on …? We have …."	John
	In the canteen	Talk about favorite food. Communicate with "What do you have for lunch today? I have …. What's your favorite food?"	Mike
Step 3: Have a fun time!	In the activity room	Help the words find the friends. Guessing game. Listen and draw. Jigsaw puzzle. Brain storm. Shopping.	Amy Lily May Tom Jerry Jane
Step 4: Add-activities	At school	Interview a new teacher. Make a school timetable and talk about it. Make a school menu and talk about it.	

表6.5 游园活动评价记录表

Name ________________ Class ________________

<table>
<tr><th>评价项目</th><th>评价结果</th><th>评价者</th></tr>
<tr><td>On the playground</td><td>Super! Good! OK!</td><td>自评</td></tr>
<tr><td>In the teacher's office</td><td>Super! Good! OK!</td><td>Helen</td></tr>
<tr><td>In the classroom</td><td>Super! Good! OK!</td><td>John</td></tr>
<tr><td>In the canteen</td><td>Super! Good! OK!</td><td>Mike</td></tr>
<tr><td rowspan="6">In the activity room</td><td>Help the words find the friends.
Super! Good! OK!</td><td>Amy</td></tr>
<tr><td>Guessing game.
Super! Good! OK!</td><td>Lily</td></tr>
<tr><td>Listen and draw.
Super! Good! OK!</td><td>May</td></tr>
<tr><td>Jigsaw puzzle.
Super! Good! OK!</td><td>Tom</td></tr>
<tr><td>Brain storm.
Super! Good! OK!</td><td>Jerry</td></tr>
<tr><td>Shopping.
Super! Good! OK!</td><td>Jane</td></tr>
<tr><td rowspan="3">Add-activities</td><td>1. Interview a new teacher.
Name: ________________
School: ________________
Subject: ________________
Favorite food: ________________
Activities on Saturdays and Sundays: ________
Super! Good! OK!</td><td>被采访的教师</td></tr>
<tr><td>2. Make a school timetable and talk about it.
Super! Good! OK!</td><td>合作者</td></tr>
<tr><td>3. Make a school menu and talk about it.
Super! Good! OK!</td><td>合作者</td></tr>
</table>

Wow! I've got ____________SUPER! __________GOOD! ____________OK!

在这个游园活动中,学生充分展现了自己的音乐智能、身体运动智能、人际交往智能、数理逻辑智能、空间智能等多种智能指导下的小学英语的听、说、读、写技能,活动设计情景化(On the playground,In the teacher's office,In the classroom,In the canteen,In the activity room),活动材料生活化,为学生创造运用语言智能完成测评的机会,扩大评价中的成功面,使语言智能不是强项的孩子不会在评价中品尝失败。

结 语

呼唤有智慧的教育，培养有个性的学生——这是整个教育领域都在追求的目标。那么，如何改变我国传统教育中过于注重知识传授的影响，改变课程实施过于强调接受学习、死记硬背、机械训练的现状，又如何在教育教学过程中彰显学生的个性，使拥有不同天赋和强项的学生都能够得到最适合自身特质的发展，形成他们积极主动的学习态度，主动参与、乐于探究、提高他们获取新知识的能力、分析和解决问题的能力以至最终培养出一批批充满智慧、人格健全的人才呢?

多元智能理论以全新的智能理念，为我们提供了一个评价学生的多元视角，为我们带来新的教育思维和教学策略的启迪和帮助。运用多元智能理论来指导小学英语课堂教学的改革和实践，有助于学生智能的全面开发和培养，有助于学生智能的多元化、个性化发展。多元智能教学评价强调评价主体的多元化、评价方法的个性化，评价过程的情景性化。这种评价方式能全面真实地评价学生的潜能、学业成就，以提供教学改进的信息，促进学生素质的全面发展。

本文探讨了如何将多元智能理论应用于小学英语课堂教学，使“课堂为学生服务，教学为学生设计”的意识得到更好的贯彻和加强，详细介绍了基于多元智能开发的小学英语听、说、读、写的教学策略，同时探索了多元智能指导下的小学英语综合课、新授课、复习课和练习课等不同课型的具体操作流程，并具体阐述了相应的教学评价方式和评价范例。

当然，在小学英语教学实践中运用多元智能理论还存在着不少困难与困惑。加德纳只是给了我们一些新的思想，告诉我们应该换一种思路来理解智能，至于实践领域中如何操作和实施，并将这些操作和实施提升到理论层面予以审视，他并没有给出明确的答案。所以一线教师更多的是在探索中前行。同时多元智能理论强调的教育的“个别化”在大班教学中有不少的困难。传统意义上的课堂教学无法真正实现“个别化”，我们一直在追求“因材施教”和“量体裁衣”，但教师在一堂课的教学中很难照顾到每一个学生的智能特点，所以，我们应该通过多种途径实现教育的“个别化”：社区的资源、家庭的熏陶、网络的海洋等等都应该是“个别化”教育的天地。

我们可以这样说，学生的智能发展的方向有赖于环境和教育的影响——特别是教育的影响，作为小学英语老师，我们有责任通过有目的、有计划的教育教学工作，对我们学生的智能起到激活和促进其有效发展的作用。

附　录

各类评价表

小学英语教材的编排特点,可以把一个单元看作一个评价阶段。对于学生在一个单元里的学习表现,可以设计一个总表,即“学习成长记录表”,还可设计一些比较细化的表,比如“课堂学习过程评价表”,“作业、练习评价表”,“单元学习评价表”等。

课堂学习过程评价表

(E:Excellent 优秀　G:Good好　O:OK一般　T:Try hard 需要努力)

姓名	学习兴趣	参与意识	合作情况	问答	对话表演	课堂纪律
Jane	E	G	G	E	G	E
Tom	G	O	O	G	O	O
Sally	E	G	E	E	G	G
John	G	G	G	O	G	T

课堂学习过程的评价方法和评价标准表

评价内容	评价方式	评　价　标　准
学习兴趣	学生自评 教师评价	E:学习兴趣浓厚,求知欲强。 G:有较强的学习兴趣和求知欲。 O:学习兴趣一般。 T:对学习不太感兴趣或对学习比较漠然。

续表

评价内容	评价方式	评　价　标　准
参与意识	学生自评 教师评价	E:发言积极性高,有很强的参与意识。 G:发言较踊跃,有较强的参与意识。 O:有一定的发言积极性和参与意识。 T:参与意识比较淡薄,学习较被动。
合作情况	小组评价 教师评价	E:能很好地配合教师或学生完成合作任务,合作能力强。 G:有较强的合作能力。 O:合作能力一般。 T:合作能力较差。
问答	学生自评 小组评价 教师评价	E:能就教师或学生的问题或指令迅速作出正确的应答,口齿清楚,声音响亮,充满自信。 G:能就教师或学生的问题或指令在较短时间内做出应答,正确率较高。口齿清楚,声音响亮,充满自信。 O:能就教师或学生的问题或指令在一定时间内做出应答,有一些错误。 T:对教师或学生的问题或指令在规定时间内做出应答有一定困难。
对话表演	学生自评 小组评价 教师评价	E:表演自然、流畅,能创设一定的情境。口齿清楚,说话流利。 G:能较好地进行对话表演,口齿较清楚,说话较流利。 O:表演一般。 T:表演不够自然,或角色和情景不符,或口齿不清、声音含糊。

注:教师在上课时可根据教学环节,对学生进行多方面评价。教师除了多用鼓励性的语言外,针对小学生争强好胜的心理特点,可在教学的各个环节引入竞争机制,设计各种奖项。如:在对话表演时,设“优秀表演奖”和“优秀合作奖”,一节课下来,评出“积极参与奖”等。在课堂学习过程中,教师也可以把学生以组、以行、以列为单位或把全班学生分成男、女生等形式进行多种学习活动的操练、巩固比赛,并对学生在课堂学习过程中的表现及时做恰当的评价。

作业、练习评价表

评价内容	评价方式	评　价　标　准
口头预习、复习	学生自评 小组评价 教师评价	E:能很好地朗读或背诵学习内容 G:能较好地朗读或背诵学习内容。 O:预习、复习情况一般。 T:预习、复习情况较差。
书面作业、练习	学生自评 小组评价 教师评价	E:书写工整、清楚,正确率很高。 G:书写工整、清楚,正确率较高。 O:书写一般,正确率一般。 T:书写较差,错误较多。

注:作业、练习是帮助学生加深、巩固所学知识,检查当天学习效果,运用所学知识分析问题、解决问题的能力的重要环节。作业、练习也是反映学生学习态度的一个重要窗口,是一条不可或缺的反馈渠道。

单元学习成长记录表

(E:Excellent 优秀　G:Good 好　O:OK 一般　T:try hard 需要努力)

姓名	课堂学习表现	作业、练习情况	英语实践活动	单元学习收获
Dick	E	O	O	G
Sally	G	E	G	G

注:学生的知识是在点滴中逐渐积累起来的,学生的学习进步是在知识点滴的积累中体现出来的。为了更好地了解学生的成长状况,更真实地评价学生的学习情况,作为教师,有必要把学生的学习过程用文字或数据的形式记录下来,以更好地督促教师的教学和学生的学习活动。通常我们以一个单元为记录单位,对学生在本单元中的学习通过课堂学习过程评价表、作业、练习评价表、英语实践活动评价表和单元学习评价表的综合分析,归纳到学习成长记录表上。所记等级为上述分类表格中数量最多的等级。

家庭英语学习情况月调查表

家庭英语学习情况月调查表

学生班级__________ 学生姓名__________ 家长姓名__________ 日期 __________

(1) 您的孩子在家朗读英语吗?

a. 天天坚持读。

b. 按照老师的要求读相关单词和课文每周5次。

c. 每周读1–2次。

(2) 您的孩子有提前预习英语的习惯吗?

a. 有。

b. 偶尔有。

c. 从来没有。

(3)您的孩子在家听教材配套录音或者观看配套教学光盘吗?

a. 天天坚持听或看。

b. 按照老师的要求听或看每周5次。

c. 每周听或看1~2次

(4)您的孩子听录音或看看光盘时认真跟读或跟唱了吗?

a. 边听边模仿。

b. 只听不模仿。

c. 边听边做其他事。

(5) 您的孩子用英语跟你或其他亲朋好友交流吗?

a. 天天交流,谈学习体会。

b.有时说。

c. 从来不说。

(6)您的孩子喜欢收看英语儿童节目吗?

a. 经常看。

b. 有时看。

c. 从来不看。

(7)您的孩子有明确的英语学习目标,具体的学习计划吗?

a. 有明确的学习目标和学习计划。

b. 有目标,但没有学习计划和实施目标的具体步骤。

c. 不积累英语。

(8) 您的孩子对所学内容________

a. 及时复习、主动练习和实践。

b. 有时复习和实践,每周2~3次。

c. 认为学会了,练习没意思。

(9) 您的孩子在家一般用多长时间学习英语?

a. 认为英语实践性很强,随时随地说英语,每天有20分钟的学习、复习时间。

b. 每天只按老师要求学完、听完作业,时间与所布置作业量成正比。

c. 没有固定的时间学英语,很随意。

(10) 您的孩子认为学习英语的主要目的是什么?

a. 学习英语主要是为了交流,学会了就用英语交流。

b.学习英语主要是为了考试,得到老师的表扬,不进行自觉的交流。

c. 学习英语没有目的。

您认为这些调查项目合理吗?

对教师的建议是:

____

____

____

对孩子的建议是:

____

____

____

家长评价表

项 目	O	S	R	N
在家谈论在英语课堂中的表现				
在家会积极主动完成老师布置的任务				
在家会唱英文歌曲或者朗读单词课文				
在家会自觉听英语磁带或看配套教学光盘				
在家会收看英语儿童节目				
在家有时会用英语表达一些看法				
您对他近期英语学习的期望是:				

注:家庭教育对孩子的健康成长起着相当重要的作用,孩子与父母在一起的时间最多,教师要充分利用家长资源、有效发挥家长的监督功能。请家长根据小孩在家的学习、完成作业情况等给予评价或写出评语,也可让家长提出自己对孩子的评价和期望。家长所提供的信息及其对孩子的看法,可以帮助老师更有效地教导学生,发展学生的智能。(O= 经常 S= 有时 R= 不经常 N= 从不)

参 考 文 献

[1] Gardner, H. Multiple Intelligences: The Theory in Practice[M]. New York: Basic Books, 1993.

[2] Gardner, H. Frames of Mind: The Theory of Multiple Intelligences [M]. New York: Basic Books, 1983.

[3] Campbell, L. Campbell, B. & Dickinson, D., Teaching and Learning through Multiple Intelligences [M]. Boston: Allyn & Bacon, 1996.

[4] Armstrong, T., Multiple Intelligences in the Classroom [M]. Alexandria, Virginia, 1994.

[5] [美] 陈杰琦,埃米勒. 艾斯贝格,玛拉. 克瑞克维斯基编,何敏、李季湄译. 多元智能理论与儿童学习活动[C]. 北京:北京师范大学出版社,2002.

[6] 丁安廉,和学新主编. 主体性教育的教学策略探索[M]. 天津:天津社会科学院出版社,2000.

[7] 丁祖保. 基于多元智力理论,探索英语个性化教学[D]. 硕士学位论文,上海师范大学,2005.

[8] 方凌雁,庞红卫. 论多元智能观的评价理论及其启示[J]. 教学与管理,2001(10):37-38.

[9] 傅淑玲. 运用多元智能理论进行小学英语教学的尝试[J]. 教学与管理,2003(2):54-55.

[10] 郭福昌,王长沛. 多元智能在中国[C]. 北京:首都师范大学出版社,2004.

[11] 顾明远. 教育大辞典:增订合编本(上)[Z]. 上海:上海教育出版社,1998.

[12] 黄虹. 多元智能理论在小学英语教学中的应用[D]. 硕士学位论文,西南大学,2006.

[13] [美] 霍华德·加德纳著，霍力岩、房阳洋等译. 智力的重构：21 世纪的多元智能[M]. 北京：中国轻工业出版社，2004.

[14] [美] 霍华德·加德纳著，沈致隆译. 多元智能[M]. 北京：新华出版社，1999.

[15] [美] 霍华德.加德纳. 多元智能理论二十年——在美国教育研究协会上的演讲[J]. 人民教育，2003(17)：7-11.

[16] 霍力岩. 加德纳的多元智力理论及其主要依据探析[J]. 比较教育研究，2000(3)：38-43.

[17] 霍力岩，赵清梅. 多元智力理论的评价观及其对学生发展评价的启示[J]. 比较教育研究，2005(4)：45-50.

[18] [美] J. 贝兰卡，C. 查普曼，E. 斯沃茨著，夏惠贤等译. 多元智能与多元评价：运用评价促进学生发展[M]. 北京：中国轻工业出版社，2004.

[19] 季彩君. 美国整合学习风格与多元智能的教学实践[J]. 教学与管理，2003(10)：86-88.

[20] [美] 加涅，布里格斯，韦杰著，皮连生，庞维国等译. 教学设计原理[M]. 上海：华东师范大学出版社，1999.

[21] 教育部基础教育课程教材发展中心. 小学英语课程发展报告(2006)(下)[J]. 中小学英语教学与研究，2007(7)：2-6.

[22] 教育部基础教育课程教材发展中心. 小学英语课程发展报告(2006)(上)[J]. 中小学英语教学与研究，2007(6)：2-9.

[23] [美] K. 蒙哥马利著，国家基础教育课程改革“促进教师发展与学生成长的评价研究”项目组译. 真实性评价：小学教师实践指南[M]. 北京：中国轻工业出版社，2004.

[24] 凯洛夫等主编，陈侠等译. 教育学[M]. 北京：人民教育出版社，1957.

[25] 李秉德. 教学论[M]. 北京：人民教育出版社 1996.

[26] 李风华. 多元智能理论与多元评价[J]. 教学与管理，2003(2)：36-37.

[27] 李志颖，闫寒冰. 多元智能理论与英语教学整合初探[J]. 外语电化教学，2002(10)：48-52.

[28] [美] 琳达·坎贝尔，布鲁斯·坎贝尔，迪金森著，霍力岩、沙莉等译. 多元智力教与学的策略[M]. 北京：中国轻工业出版社，2004.

[29] [美] 琳达·坎贝尔，布鲁斯·坎贝尔著，刘竑波、张敏译．多元智能与学生成就：六所学校的成功案例[M]．北京：教育科学出版社，2003.

[30] 刘竑波．多元智能与教师[M]．上海：上海教育出版社，2005.

[31] 刘金花．儿童发展心理学[C]．上海：华东师范大学出版社，1997.

[32] 刘正伟．国际语文课程与教学比较[M]．杭州：浙江大学出版社，2008.

[33] 吕良环．外语课程与教学论[C]．杭州：浙江教育出版社，2003.

[34] 梅德明主编．大中小学英语教学现状调查[C]．上海：上海外语教育出版社，2004.

[35] 彭秋荣主编．初中英语活动课研究[C]．上海：湖南师范大学出版社，1999.

[36] 裴正薇．音乐智力对英语听说的影响[J]．西安外国语学院学报，2003(3)：35-38.

[37] [美] 乔·金奇洛主编，霍力岩、李敏谊等译．多元智力再思考[C]．北京：中国轻工业出版社，2004.

[38] [美] S．伯曼著，夏惠贤等译．多元智能与项目学习：活动设计指导[M]．北京：中国轻工业出版社，2004.

[39] 沈致隆．加德纳-艺术-多元智能[M]．北京：北京师范大学出版社，2004.

[40] 施良方，崔允漷．教学理论：课堂教学的原理、策略与研究[M]．上海：华东师范大学出版社，1999.

[41] 谭爱华．小学英语教学的目的、手段和评价——从多元智力理论说开去[J]．中小学英语教学与研究2004(4)：9-11.

[42] 滕守尧．美育——教育现代化的关键[J]．西南民族学院学报(哲学社会科学版)1995年增刊：123-130.

[43] [美] 托马斯·阿姆斯特朗著，张咏梅、王振强等译．课堂中的多元智能：开展以学生为中心的教学[M]．北京：中国轻工业出版社，2003.

[44] [美] 托马斯·霍尔著，郅庭瑾译．成为一所多元智能学校[M]．北京：教育科学出版社，2003.

[45] 王策三．教学论稿[M]．北京：人民教育出版社，1985.

[46] 王电建，赖红玲．小学英语教学法[M]．北京：北京大学出版社，2002.

[47] 魏礼飞．创新教育课堂教学策略研究[J]．教育理论与实践，2001(1)：33-36.

[48] 吴志宏,郅庭瑾. 多元智能:理论、方法与实践[M]. 上海:上海教育出版社,2003.

[49] 夏惠贤. 多元智能理论与个性化教学[M]. 上海:上海科技教育出版社,2003.

[50] 夏瑞雪. 浅析“多元智能理论”指导下教育评价的新理念[J]. 甘肃教育学院学报(社会科学版) 2003(3):89-92.

[51] 燕国材. 智力因素与学习[M]. 北京:教育科学出版社,2002.

[52] 杨梅. 多元智能理论在小学英语单词教学中的运用[J]. 中小学英语教学与研究 2003(1):8.

[53] 杨颖. 怎样评价小学生的英语学习[J]. 中小学英语教学与研究 2003 增刊:30-32.

[54] 英语课程标准研制组编写,英语课程标准解读(实验稿) [S]. 北京:北京师范大学出版社,2002.

[55] 余新. 多元智能在世界[C]. 北京:首都师范大学出版社,2004.

[56] 曾晓洁. 多元智能理论的评估理念及原则[J]. 比较教育研究,2003(6):36-39.

[57] 张翠云. 通过多元智能来教[J]. 基础英语教育,2005(3):49-51.

[58] 张大均主编. 教学心理学[M]. 重庆:西南师范大学出版社,1997.

[59] 郑蓉. 多元智能理论在小学英语教学中的应用研究[D]. 硕士学位论文,东北师范大学,2005.

[60] 郅庭瑾. 多元智能教学[M]. 天津:天津教育出版社,2004.

[61] 钟启泉总主编、左焕琪编著:外语教育展望[C]. 上海:华东师范大学出版社,2002.

[62] 钟祖荣. 人人有八能,扬长育成才[J]. 北京教育,2003(11):28-30.

[63] 中华人民共和国教育部,全日制义务教育普通高级中学英语课程标准(实验稿) [S]. 北京:北京师范大学出版社,2001.

后　记

回首过去,内心充满了无限留恋与感激。在这里,我应该向很多人致以真诚的谢意,是他们的帮助和鼓励,使我顺利完稿。

首先要感谢我的导师杨明老师。导师深厚的理论造诣、严谨的治学态度、不倦的钻研精神和丰富的实践经验,使我受益匪浅。在此我向杨老师致以最诚挚的谢意！感谢杨老师对我的辛勤培养和悉心帮助！

平时工作任务重,学习时间紧,遇到的困难不小。在写作过程中,得到杨明老师的悉心指教,对我的写作给予了极大的鼓励和支持。从文章的选题、写作、修改到最后的定稿,每一个阶段都得到杨老师的严格要求和耐心指导,帮助我一点点梳理清楚自己的思路。更重要的是,杨老师在学术态度上的率先垂范,为我树立了务实、勤恳、严谨的学习榜样,这也必将在我今后的学习、工作中,继续催我奋进,促我进步。

还要感谢浙江大学教育学院的各位老师,文章的撰写,得到了盛群力教授、刘正伟教授、褚献华教授、汪利兵教授、吴华教授、肖龙海教授等中肯的建议和意见,更让我体会到了教授们严谨治学的风格和一丝不苟的工作态度,督促、提高了我的学习能力与科研能力。

这里特别要感谢陈万勇主编,对我的文章框架进行了重整,提出了许多建设性的修改意见与建议,陈主编知识渊博、思维开阔,对教育教学理论有着敏锐、深刻、独到的见解,解决了写作中的许多困难与疑惑,在此表示衷心感谢！

另外，我还要感谢我的单位领导、同事以及我的父母家人。漫漫人生路，是他们的支持和鼓励，带给我不断前行的勇气和动力。

谢谢!

吴 燕

2020年9月1日